陈式太极拳

功夫架与竞技推手

CHENSHI TAIJIQUAN
GONGFUJIA YU JINGJI TUISHOU

陈有刚 李拴成 编著

中原出版传媒集团
大地传媒
河南科学技术出版社

图书在版编目（CIP）数据

陈式太极拳功夫架与竞技推手 / 陈有刚，李拴成编著. — 郑州：河南科学技术出版社, 2017.1

ISBN 978-7-5349-8242-2

Ⅰ.①陈… Ⅱ.①陈…②李… Ⅲ.①陈式太极拳 Ⅳ.①G852.11

中国版本图书馆CIP数据核字（2016）第200278号

陈式太极拳功夫架
与竞技推手

陈有刚 李拴成 编著

出版发行：河南科学技术出版社
地址：郑州市经五路 66 号　邮编：450002
电话：（0371）65737028　65788633
网址：www.hnstp.cn
策划编辑：韩雅楠
责任校对：丁秀荣
封面设计：朱　婧
版式设计：王高峰
责任印制：张艳芳
印　　刷：河南省瑞光印务股份有限公司
经　　销：全国新华书店
幅面尺寸：170 mm × 240 mm　印张：10.5　字数：180 千字
版　　次：2017 年 1 月第 1 版　2017 年 1 月第 1 次印刷
定　　价：39.80 元

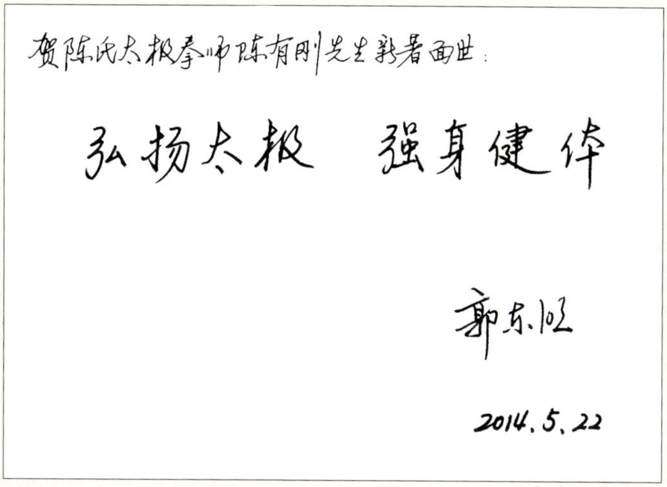

贺陈氏太极拳师陈有刚先生新著面世：
弘扬太极　强身健体
郭东旺
2014.5.22

为有刚之陈氏太极拳功夫架与竞技推手训练方法之题
弘揚太極
甲午年春 原振全書於京

有刚存正
武德
康戈武 癸巳秋

陈有刚与恩师、叔父、太极拳大师陈庆州（右）

陈有刚与大连理工大学校长、中国工程院院士郭东明（右）

习武世家陈有刚全家照

陈有刚与原中国武协段位办主任、国家武术研究院专家委员会执行专家康戈武（右）

陈有刚与太极拳大师陈小旺（右）

陈有刚（左1）及夫人（右1）与陈正雷大师（左2）及夫人（右2）

陈有刚与陈正雷大师（中）及其女儿陈媛媛

陈有刚与国际太极拳网主编原福全（左）

左起：温县体育局武术科长、温县武馆中心主任王东方，陈有刚、徐州太极名家郑广济、连云港太极名家寇建伟

陈有刚（右）与李拴成（左）在“中国太极拳文化研究基地”太极名师命名大会上

陈有刚（前排左三）、李拴成（中排左四）与太极拳大师陈小旺（前排中）、陈正雷（前排左四）1984 年于河南省武术馆合影

陈有刚与太极名师周春中（左）、张福成（右）合影

温县有刚太极武校副校长、河南省优秀教练员陈小芹（陈有刚的女儿）

温县有刚太极武校副校长、一级拳师、河南省优秀教练员、大连理工大学太极拳主教练陈耀坤（陈有刚的儿子）

从左至右：陈小芹、陈有刚、陈耀坤、陈超

河南省优秀教练员、温县有刚武校主教练陈超（陈有刚的侄子）

陈耀坤（左）与太极大师陈正雷

陈有刚与暑期学习班学员合影

陈有刚率队参加焦作太极拳国际年会

陈有刚（前）在大连理工大学教授太极拳

序

序一：喜看后继　著书立说
——为有刚著作面世而作

中华武术，源远流长，品种繁多。太极拳这株武术百花园中的奇葩，以其技击和健身多方面的作用，深受人们的喜爱，成为世界上习练人数最多的一项运动。陈式太极拳是各派太极拳的本源。几百年来世代沿袭，历久不衰，不断发展，在各式太极拳中独留其刚柔相济、快慢相间、蹿蹦跳跃、松活弹抖的特色，深受拳界青睐，享誉中外。

近年来，太极拳发源地温县又涌现出众多优秀的青年名家，世侄陈有刚就是其中一位。有刚自幼习拳，勤奋好学，在钻研太极拳拳理、拳技方面都能下功夫，悉得陈家拳艺；更值得肯定的是有刚在家乡多年来兴办武校，在艰苦的环境下培养了许多优秀的太极拳运动员，并带领他们屡次在大赛中取得好成绩。

此次有刚在总结自身几十年太极拳习练和教学经验的基础上开始著书立说，对太极拳的普及推广提供了大量宝贵的实践经验。多年来我一直呼吁弟子和太极拳教练要文武兼修，平常就注意积累习拳和教学经验，并适时地把自己的体悟总结出来贡献于社会，为太极拳的大传播大普及提供更多的文字材料。希望有刚能够再接再厉，在太极拳推广道路上越走越好。

陈正雷

2015 年 3 月 19 日

序

序二：我所认识的陈有刚

1993年春受命出任温县太极拳开发委员会主任，距今已有20余年。这20余年，正是温县以举办国际太极拳年会为起点，领航我国太极拳事业蓬勃发展、走向世界的一个黄金时段。期间，我接触了温县太极拳界的大批骨干人士，目睹了他们成长、成才、成功的过程。对不少人来说，已是两代之交。目前我虽已退休，但仍“混迹”拳坛，周游在中国太极拳界，国家武术管理中心某领导曾戏称我为“太极游侠”。为何我如此乐此不疲地在太极拳界奔波？我有一句话，叫“成就能成就事业的人成就一番成就，也是我的成就”。我拳术不行，自我定位为中国太极拳界的服务员，能为中国太极拳界的各位名家、大师及一切乐于从事这个事业的人（包括普通的太极拳爱好者）服务，感到不仅是一种使命，也是一种爱好和乐趣。在我服务的对象中，尽管有稻稗之分，但总是众寡之别。众多优秀的太极拳传人，德艺双馨，无愧于太极拳文化。在为他们的服务中，我学到了许多知识，领悟了诸多道理。他们中的许多人，其品德、精神同他们的技术相映生辉，令我钦佩。

陈有刚就是其中的一位，而且我对他印象很深。

陈有刚尊师，他感恩任何帮助过他的人。他自幼受其叔父——著名国际太极拳大师陈庆州的辅导，学习太极拳，以后又受过温县陈小旺、陈正雷、王西安等多位当今闻名于世的太极拳大师的指导。他为人谦恭，乐于求教同道，取人之长，提高自己；他尊重每一位恩师和同仁，感谢大家的悉心教诲与帮助；他尊重每一位给予他太极拳事业支持的人，同时真诚地与人相处，毫无势利之心。

陈有刚爱徒，重德严技，精心雕塑着每一个弟子和学员。接受过他太极拳辅导与教学的人，包括年长者，都称道他那种诲人不倦、谦虚宽厚、严中寓慈的精神。他很注重人品的培养，严于择徒，在传授太极拳技术的同时，把品德修养的教育始终放在第一位。他认为，太极拳文化的精髓首先是对人为人处世的教化。经他培养出的学员，其彬彬有礼的品行和熟练的技术，很受人欢迎，国内许多地方向他预约教练。他与学员和弟子及同代人之间亦师亦友，对年少者犹如慈父。一个个太极拳爱好者，在温县有刚太极武校里知识得到丰富，竞技水平得到提高，一批批的年轻人事业有成。

陈有刚钻研太极拳理论，擅长技击训练。多年来，陈有刚的弟子们，是温县在各类国际国内太极拳对抗赛中拿金牌的大户，这与陈有刚独特的训练方法有着很大的关系。2002年，我受河南省武术管理中心的委托，组队代表河南省参加在顺德市举行的全国太极拳、剑、推手锦标赛。我瞄准推手项目，将夺取推手各级别冠军的任务交给了有刚武校。我任河南省队的领队，让陈有刚出任教练，选择了六名队员，口号是："拿下本级别的金牌，为河南省增光"，经过陈有刚短暂的训练与现场指导，六枚金牌如愿收囊。为此，陈有刚受到了省武术管理中心的奖励。至于在其他比赛中摘金夺银的事，对陈有刚麾下的人来讲，是常事。足见陈有刚训练有方。由陈有刚编著、李拴成整理的《陈式太极拳功夫架与竞技推手》一书中关于"陈式太极拳竞技推手的训练方法"部分，就是陈有刚多年来这方面经验与智慧的结晶，对进行太极拳对抗的训练，有很大的指导作用。

这么多年来，陈有刚在村里开办的"温县有刚太极武校"成了太极拳冠军的摇篮，许多家长乐于把自己的孩子送到这里学习。他们说送到这里进步快，放心。2005年，陈有刚在偌大的庭院里，将旧房改建成了学员食宿功能为一体的楼层建筑。乔迁时，县体育局为他举行了其弟子在河北某大赛中满贯归来的庆功会。当时，我撰句，请温县的一位书法家——全国书协会员了之先生书写了一幅字，内容是“有刚乃名师，幼年便事拳。离师授业始，即重德为先。门出多桃李，技击尤为擅。高徒三十余名，大赛勇夺冠。为将国粹扬，砣砣且勤勉。曾率河南队，征战得凯旋。今逢乔迁事，寄语再登攀。太极事业重，吾辈岂等闲。陈有刚先生乔迁之喜致贺温县太极拳研究发展中心敬赠；原福全撰；了之书”。而今，转眼已经快10年了，这10年，陈有刚更加成熟老练，经验更加丰富。有刚武校取得的成绩更多，变化也很大，训练房也旧貌换了新颜。当年那些策马赛场攀金摘桂的弟子，大都奔赴各地，有了很好的发展。“铁打的营盘流水的兵”，继之而来的是，一批批人的成长与成才。

陈有刚为温县太极拳事业的发展做出了重要贡献，是当今温县一位杰出的太极拳工作者。

祝贺《陈式太极拳功夫架与竞技推手》一书的出版，祝陈有刚取得更大的成绩。

谨以此，代为序。

原福全

2014 年 2 月 18 日

前　言

多少年来，著述陈式太极拳的大师、前辈及新秀比比皆是。他们对陈式太极拳的传承，拳理、拳法及经验总结，论述得极其详细明了，本不应再著书立说。可是，由于“温县有刚太极武校”近年来在国际、国家及省市的陈式太极拳对抗赛中成绩不断刷新，愈加突出，冠、亚军辈出。在两届“康龙武林”大会上有两名弟子进入前16强，4名弟子进入前18强，其中1名进入前8强。2013年焦作国家级太极拳比赛中，5名参赛队员，4名获得冠军，1名获得亚军。特别是在山东大青山国际太极拳比赛中，7名参赛队员，6名获得冠军（其中1名获无级别总冠军），1名无级别总亚军。“温县有刚武校”被温县评为武术先进单位。每次参加大型比赛，都有不同太极同仁要求我将“温县有刚太极武校”的教学经验，以著作的形式进行传播，以促进陈式太极拳对抗技艺的发展。身边不少朋友及武校学子，也都多次建议我将武校有关陈式太极拳对抗教学的特点加以系统总结。特别是近两年，一些外国朋友也来武校提出将推手对抗技术进行总结的要求。细想起来，世间万物都在发展变化，太极拳当然也不例外，也需要世世总结，代代传承，发扬光大。陈式太极拳作为国家级物质文化遗产，已成了我中华民族的文化财富。每一个有作为的太极志士，都有义务为太极文化的发展做出应有的贡献。故此我有了将自己40多年练拳的体会，特别是推手对抗训练中系统训练方法及点滴体会，进行整理出版，为推动太极拳的发展贡献微薄之力的想法。

本人自7岁起随叔父陈庆州习练陈式太极拳，起初两年，觉得天天盘架子，出力流汗，枯燥无味。慢慢就不太用心。有一次，到叔父家里练拳，碰到有人来找叔父切磋。叔父看上去身材瘦弱，来的几个人高高大大，当时我替叔父捏着一把汗。可谁知，两人一搭手，见叔父手腕一转，来人竟平身跌倒在地。又换一人，叔父又是稍一旋腕，来人一下子双膝跪倒。最后，叔父干脆伸出一个指头，让对方抓住，叔父旋腕转膀，就见对方倒地打滚。我当时看呆了，原来太极拳有如此神功。此后，我开始天天苦练，10遍、20遍盘架子。春夏秋冬，照常如此。到了十七八岁，在同龄人中，我已渐渐脱颖而出。后又有幸得到陈照奎、冯志强大师当面指教，于1978年后，每逢县里推手比赛，常常取得冠军。1982年我又获得河南省太极拳锦标赛推手冠军。至此，一发不可收拾。1984年河南省武术馆举办全国第一届陈式太极拳训练班，我被省武术馆选拔为教练员。期间，陈小旺、陈正雷大师反复教练各种功法。逐渐，上门找我学习的人愈来愈多，为了将自己学得的陈式太极拳传承下去，于1998年，成立“温县有刚太极武校”。多年来，“温县有刚太极武校”学员不断刷新各种比赛记录，逐渐形成自己的太极拳推手对抗教学方法。

本书共分两大部分四个章节。第一部分全面讲述了“温县有刚武校”教练的老架一路功夫架的特点、健身作用、动作分解及要点。第二部分重点讲述对抗性太极推手的训练方法及技术，这也是广大有志于推手对抗的朋友最为关注的部分，所以，将这一部分作为本书的重点。

在第一部分老架一路的动作编排中，我特意加进了“调息”这个动作，使整个套路变成了“七十五”式。“调息”也即是小周天，是原拳路中本来就有的一个准备动作。“调息”在拳路演练开始前起着极其重要的作用，它不但稳定了心绪、集中了意念，更重要的是打通了气路。“调息”是整个套路运气的“头”。“调息”做好了，会使丹田气在意念的引导下自然运化。为了强调“调息”在练功中的不可或缺性，我把它单独编为一动。这样是否妥当，敬请读者评判。

在本书的编著中，得到漯河市太极拳协会的温国山、张富成、周春中的大力支持，在此深表感谢。也特别感谢有作为的“温县有刚武校” 的历届学子对学校的贡献和支持。

限于本人的水平及能力，书中如有错误和不足，望大师、前辈及广大读者不吝指正，不胜感激。

陈有刚

2015 年 5 月

目 录

第一章 陈式太极拳老架一路功夫架概述 ……24

一、陈式太极拳的源流及传承 ……25

二、陈式太极拳老架一路功夫架的特点 ……26

三、陈式太极拳老架一路功夫架的桩功 ……28

1. 无极桩……28　2. 懒扎衣……29　3. 单鞭……31

第二章 陈式太极拳老架一路功夫架 ……32

一、陈式太极拳老架一路功夫架动作名称 ……33

二、陈式太极拳老架一路功夫架动作解析 ……34

1. 预备势……34
2. 起势……35
3. 金刚捣碓……36
4. 懒扎衣……39
5. 六封四闭……41
6. 单鞭……43
7. 金刚捣碓……45
8. 白鹤亮翅……45
9. 斜行……47
10. 搂膝……48
11. 拗步……50
12. 斜行……53
13. 搂膝……53
14. 拗步……53
15. 掩手肱拳……54
16. 金刚捣碓……56
17. 撇身拳……57
18. 青龙出水……60
19. 双推手……61
20. 肘底捶……63
21. 倒卷肱……64
22. 白鹤亮翅……66
23. 斜行……67
24. 闪通背……68
25. 掩手肱拳……70
26. 六封四闭……71
27. 单鞭……73
28. 云手……73
29. 高探马……76
30. 右擦脚……79
31. 左擦脚……80
32. 左蹬一跟……81
33. 前趟拗步……83
34. 神仙一把抓……84
35. 踢二起……85
36. 护心拳……86
37. 旋风脚……88
38. 右蹬一跟……90
39. 掩手肱拳……91
40. 小擒打……92
41. 抱头推山……94
42. 六封四闭……95
43. 单鞭……96
44. 前招……96
45. 后招……98
46. 野马分鬃……98
47. 六封四闭……101
48. 单鞭……101
49. 玉女穿梭……102
50. 懒扎衣……105
51. 六封四闭……105
52. 单鞭……106
53. 云手……106
54. 摆脚跌叉……106
55. 金鸡独立……108
56. 倒卷肱……110
57. 白鹤亮翅……111
58. 斜行……111
59. 闪通背……111
60. 掩手肱拳……111
61. 六封四闭……111
62. 单鞭……111
63. 云手……111
64. 高探马……111
65. 十字脚……112
66. 指裆捶……115
67. 猿猴献果……117
68. 单鞭……118
69. 雀地龙……118
70. 上步七星……119
71. 退步跨虎……120
72. 双摆莲……121
73. 当头炮……124
74. 金刚捣碓……125
75. 收势……125

第三章　陈式太极拳竞技推手的训练方法 128
一、基本功训练 129
1. 定式训练......130　2. 盘架子......138　3. 臂、腿功训练....138
二、素质训练 143
1. 体能素质......143　2. 心理素质......144
三、竞技技术教学与训练方法 145
1. 集体授课......145　2. 单个动作训练....145　3. 实战综合训练....145
4. 测试与评分......145

第四章　陈式太极拳竞技推手（散手）的主要招法 146
一、捋加采 147
二、迎门靠 148
三、大背 150
四、胯背 151
五、挑闪 153
六、过腿摔 154
七、走化（一） 156
八、走化（二） 157
九、捌劲 159
十、拿腕 160
十一、合步压腕 162

附录：陈式太极拳传承表 164
后记 165

第一章

陈式太极拳老架一路功夫架概述

一、陈式太极拳的源流及传承

据《温县县志》和《陈氏家谱》记载，太极拳始于明末清初，河南温县陈家沟。

陈家沟人陈王廷（1600—1680），早年从军荡寇，能文能武，老年归家隐居。陈王廷将祖传的拳术，结合道教《黄庭经》中的丹田功（黄庭在道教中指丹田）及阴阳相合的八卦原理创出太极拳。陈王廷在其所留的《长短句》中自述："叹当年，披坚执锐，扫荡群氛，几次颠险！蒙恩赐，枉徒然，到而今，年老残喘。只落得《黄庭》一卷随身伴，闷来时造拳，忙来时耕田，趁余闲，教下些弟子儿孙，成龙成虎任方便。"自陈王廷"造拳"之后，陈家沟便兴起练拳之风，流传至今。

陈长兴（1771—1853）是自陈王廷之后的代表人物。随着太极拳的发展，陈长兴将陈王廷的"十三式""长拳一百零八式""炮捶一路"改编为"一路"和"二路"，并进一步深化了太极拳的理论，著有《太极拳十大要论》《太极拳用武要言》《太极拳战斗篇》。

太极拳传至陈家14世陈有本（1780—1853）时，为适应学习，将原拳路继续精简并减少发劲，演变成现在所传承的"小架"。

15世陈清萍，入赘温县赵堡镇，在赵堡传拳，并在原套路上紧缩拳架创赵堡架。

16世陈鑫（1849—1929），总结陈式历代拳师积累的练拳经验及文字记载，以十几年的时间，完成《陈氏太极拳图画讲义》四卷著作。陈鑫引易理，说经络，解穴位，详细论述了缠丝劲、内劲、阴阳、虚实等陈式太极拳的核心拳理，使陈式太极拳的拳理拳法从此形成了系统的理论。

陈式太极拳近代重要代表人物陈发科（1887—1957），自1929年至1957年于北京传授陈式太极拳。陈发科以其纯正的太极功夫，吸引了不少京城拳师，进而带出田秀臣、冯志强、顾留馨等一大批陈式太极拳的优秀传人。陈发科还总结自己练拳及推手经验，新定八十三式拳架，即现在的新架一路，为陈式太极拳的传承做出了杰出贡献。

陈发科之子陈照奎将其父晚年所定八十三式太极拳传授给北京、上海、郑州、焦作及陈家沟等地众多弟子，使陈式太极拳新架一路、二路得以普及。

18世陈照丕（1893—1972），继承陈氏祖传拳法，将太极理论归纳总结，著书《陈氏太极拳汇宗》，并将太极理论现代化，写出《太极拳入门》《陈氏太极拳图解》《陈氏太极拳理论十三篇》等书。更为重要的是，陈照丕在陈式太极拳濒临失传之时，带出陈小旺、陈正雷、王西安、朱天才、陈庆州等一代陈式太极拳英才。

陈小旺、陈正雷、王西安、朱天才、陈庆州等一代陈式太极拳大师，打破陈式太极拳的传统授拳方法，将陈式太极拳推向全国、推向世界，并将不少世代秘不外传的练拳秘诀公之于世，极大地满足了全国乃至全世界太极拳爱好者练习太极拳的愿望，既普及了太极拳术，又弘扬了太极文化。更重要的是，他们创出各种简化套路，利于全民普及。这些大师们还顺应时代发展，在注重竞技推手的同时，就太极拳养生功能做出深度解析，一定程度上向养生健身转型，并专门改编出养生套路，使老少皆宜，为全民健身做出了杰出贡献。

二、陈式太极拳老架一路功夫架的特点

陈式太极拳老架一路功夫架，是在陈式太极拳老架一路的基础上，按前辈及大师们言传身教的拳路细节要求，融会贯通，并加上陈有刚50多年来的练功体会，形成的一套符合推手实战的练功套路。这套拳路，保持了陈式太极拳老架一路原有功法要求，讲述了陈式太极拳老架一路不予外传的练功细节，详细地阐明并解答了多数人不予理解的练功方法。除此之外，还结合多年来陈有刚本人培养出众多推手冠军的实际，突出“练出功夫，适应对抗”的特点，将老架一路进行了更接近搏击实际需要的深化，突出了盘架子中的“功夫”。这套功夫架的主要特点是：

（1）以“下盘架”为基础，突出腰裆劲的训练。整个套路要求走低架子，重在腰劲下足、裆劲开圆、屈膝松胯、“培根”，使其形成强大的支撑力。

下盘架要点在于：

①架子要低。根据年龄、练功年限及身体条件，尽力做到大腿与地面距离要短。

②盘架子要下足腰劲。每个动作都要使内气沉于丹田，特别是在换劲时，不可起伏松懈。

③圆裆开胯。裆要开圆，每个定式动作要做到膝盖外掤，两大腿外翻。

④屈膝松胯，曲蓄才能有余。盘架子中，任何动作都不能使膝盖僵直，特别换劲时，更要注意。松胯，主要是指胯弯要充分放松，大腿与身体角度尽量做到90度（但不得小于90度），即像坐凳子。同时，只有屈膝松胯，才能在动作转换时做到圆活顺畅，不丢不顶。

⑤裆走下弧。走架子时，两腿重心倒换，即两腿虚实转换时一定要裆走下弧，就是“刷锅裆”。

按以上要求训练，就会使下盘稳固，腰裆劲、腿劲得到充分锻炼，即“培根”，才能使拳路打得沉实稳健，才能在对抗中顶得住对方的压力，才能在运动中使自己的推力和爆发力发挥到极致。

（2）突出缠丝劲的训练。陈式太极拳的先师总结：“太极者，缠丝也”。充分阐明螺旋缠丝劲是陈式太极拳的核心，也是陈式太极拳独有的劲路。只有练好缠丝劲，才能很好地在对抗时做到走化中变被动为主动，才能在对抗及推手中做到“人不知我，我独知人”，才能在推手时跟进控制对方不使其逃脱。特别是下肢的缠丝劲，会在搏击中对对方底部形成威胁，以动摇对方根基使对方跌出。

（3）注重“一动无有不动”，在周身开合协调之中练出整劲，在搏击中易于将全身之劲瞬时加于对方一点形成极大的打击力。

（4）动作规范，在练拳过程中，按拳路要求，身体及四肢动作、高低、方向、运劲、虚实点滴按照拳路要求到位，以真正求得“太极功夫”。

（5）着重耐力训练，坚持走大架子、低架子。动式与定式均要求上体中正，不可前倾后仰，以求极大地增加体能。对抗中，在适逢对手之时，耐力与体能往往起着极其重要的作用，故本套拳路重在盘架子。

（6）着重“内气”的运转。在动作的开合中，对呼吸的配合要求具体，每动定式内气沉实，动作中对丹田气运转要求明确。整套拳路练下来，故本清源、内劲充足。

三、陈式太极拳老架一路功夫架的桩功

1. 无极桩

（1）自然站立，两脚并拢，脚尖向前。全身放松，两臂自然下垂。顶劲领起，气沉丹田，眼观鼻准，两耳后听，舌顶上腭，自然呼吸，意念入静（图1.1）。

（2）重心下沉、两腿微屈，胯弯放松，重心移于右腿，左腿慢慢抬起，向左跨半步，脚尖先落地，再全脚落地踏实。

（3）裆走下弧，重心移于两腿间，两脚尖微向外，两脚距离略大于肩宽。静心稳气，心气下沉至涌泉（脚心）（图1.2）。

（4）中指领劲，两臂缓缓抬起，与肩同高，两肩放平。两臂抬起时，后背与臀部下沉，与两臂形成对拉劲（图1.3）。

（5）重心下沉、胯弯放松，开裆开胯，裆劲圆撑。同时，两掌外缠，掌心相对、相吸，双手虎口圆撑，两臂微屈，松肩沉肘（图1.4）。

温馨提示

①全书照片由陈有刚本人亲自示范，拍摄角度可能存在微小差异，如有照片与文字说明未完全吻合的情况，以文字为准。

②由于纸质图书的文字要求精练概括，加之篇幅有限，所有呈现给大家的图片不及拍摄总量的三分之一，因此有少量动作感觉未与前后完全连贯，仍以文字为准。

图1.1

图1.2

（6）以上动作根据体能和功夫的增长，可不断调节姿势高低及站桩时间的长短。

（7）收功时，身体直立，左脚收回，两掌放松收于两腿旁。

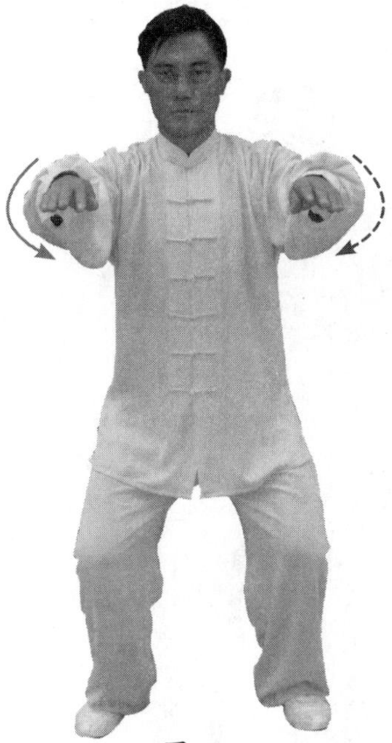

图1.3

图1.4

2. 懒扎衣

（1）自然站立，两脚并拢，脚尖向前。全身放松，两臂自然下垂。顶劲领起，气沉丹田，眼观鼻准，两耳后听，舌顶上腭，自然呼吸，意念入静（图1.5）。

（2）腰微左转再右转，带动右手先逆缠再顺缠从下向上向右弧形拉开，左手同时从下向左顺缠弧形拉开。重心移向右腿（图1.6）。

（3）右手顺缠向下向胸前划弧，左手逆缠向上与右手交叉于胸前。右手横掌在下，掌心向左。左手立掌置于右手腕部。同时重心移向左腿，抬起右腿（图1.7）。

（4）重心下沉，右腿向右横开一大步，脚跟铲地，脚尖翘起（图1.8）。

（5）身体左转，右脚尖随动内扣落地。

（6）松左胯，裆劲下沉。右手顺缠外开，掌心向外，左手下落抱肋。出右胯，走裆劲重心右移，以腰右转带动整体右转。

（7）上动不停，随转体，右手掌根领劲从胸前走上弧线顺缠拉至身体的右上方，高与肩平，四指向前，掌心向外。左手沿小腹拉至左胯弯，胸向右前方。

（8）松肩沉肘，腰微左转带动身体恢复中正，重心下沉并偏向右腿，左手四

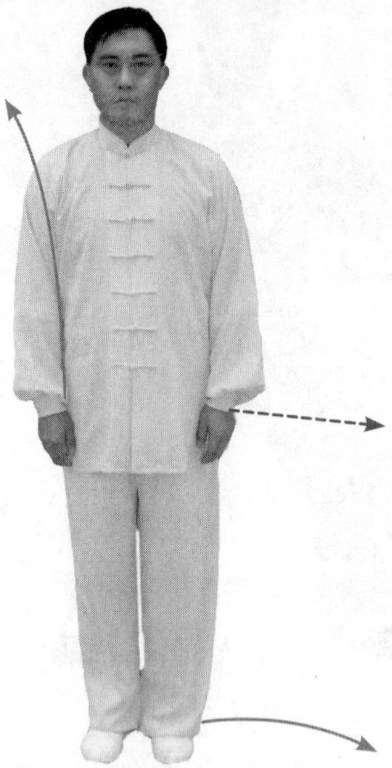
图1.5

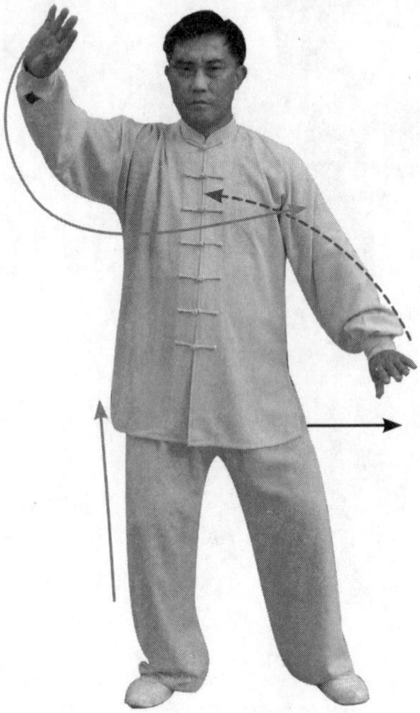
图1.6

图1.7

图1.8

指向前叉腰。松右肩，右肘下沉里缠，带动右掌逆缠，掌指竖起，掌心向前。此时，肩关节松活，左肘尖内扣。右肩与右胯相合，右肘与右膝相合，右手与右足相合。目视前方，意向右手中指尖，两膝外掤，大腿外缠，顶劲领起，腰劲下足（图1.9）。

图1.9

3. 单鞭

（1）接上式懒扎衣，左手向上穿掌至右肩。腰左转，依次带动肩、肘、手走上弧线以掌根领劲向左拉开。同时，重心移至左腿，右手变勾手（图1.10）。

（2）左手开至左膝上方时，上体右转摆正，左肘下沉里缠，左掌逆缠，变为掌心向外，四指向上，同时呼气，裆劲下沉，两膝外掤，大腿外缠。此时，全身肩与胯合、肘与膝合、手与足合。气沉丹田，目视前方，意向左手中指尖（单鞭心意向左行）（图1.11）。

以上桩步站立时间以体质和功夫的增长而加长时间。

图1.10

图1.11

第二章

陈式太极拳老架一路功夫架

一、陈式太极拳老架一路功夫架动作名称

1. 预备势
2. 起势
3. 金刚捣碓
4. 懒扎衣
5. 六封四闭
6. 单鞭
7. 金刚捣碓
8. 白鹤亮翅
9. 斜行
10. 搂膝
11. 拗步
12. 斜行
13. 搂膝
14. 拗步
15. 掩手肱拳
16. 金刚捣碓
17. 撇身拳
18. 青龙出水
19. 双推手
20. 肘底捶
21. 倒卷肱
22. 白鹤亮翅
23. 斜行
24. 闪通背
25. 掩手肱拳
26. 六封四闭
27. 单鞭
28. 云手
29. 高探马
30. 右擦脚
31. 左擦脚
32. 左蹬一跟
33. 前趟拗步
34. 神仙一把抓
35. 踢二起
36. 护心拳
37. 旋风脚
38. 右蹬一跟
39. 掩手肱拳
40. 小擒打
41. 抱头推山
42. 六封四闭
43. 单鞭
44. 前招
45. 后招
46. 野马分鬃
47. 六封四闭
48. 单鞭
49. 玉女穿梭
50. 懒扎衣
51. 六封四闭
52. 单鞭

53. 云手
54. 摆脚跌叉
55. 金鸡独立
56. 倒卷肱
57. 白鹤亮翅
58. 斜行
59. 闪通背
60. 掩手肱拳
61. 六封四闭
62. 单鞭
63. 云手
64. 高探马
65. 十字脚
66. 指裆捶
67. 猿猴献果
68. 单鞭
69. 雀地龙
70. 上步七星
71. 退步跨虎
72. 双摆莲
73. 当头炮
74. 金刚捣碓
75. 收势

二、陈式太极拳老架一路功夫架动作解析

1. 预备势

（1）自然站立，全身放松，两臂自然下垂，两掌置于两腿外侧，两中指照两裤缝。两脚尖向前，顶劲领起，舌顶上腭，心气下降。眼观鼻准，两耳后听（图2.1）。

（2）两腿微屈，胯弯放松，气沉丹田。

（3）重心移于右腿，左腿慢慢抬起，向左跨半步，脚尖先落地，再全脚落地踏实。两脚尖微向外，两脚距离同肩宽。

（4）上体保持中正，裆走下弧，重心移于两腿间，成无极式。保持两腿微屈，胯弯放松，气沉丹田，心意入静（图2.2）。

（5）心意全部入静后，意念引领内气从会阴起，走脊骨内侧，沿督脉上行，至头顶百会穴。意念继续引领内气沿任脉下行至丹田，再至会阴。

（6）配合意念，内气上行时，鼻缓慢吸气，内气下行时，口缓慢呼气。

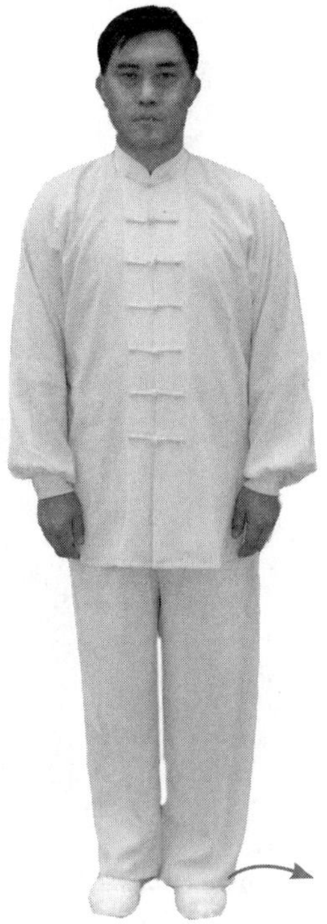

图2.1

图2.2

2. 起势

（1）保持预备势不变，意念贯注中指领劲，两臂缓缓抬起，与肩同高，两肩放平。两臂抬起时，鼻缓慢吸气，同时束肋沉气，胯弯放松，后背与臀部亦下沉与两臂形成对拉劲（图2.3）。

（2）意念引领内气从会阴起，走脊骨内侧，沿督脉上行，至头顶百会穴。

（3）松肩垂肘，双掌掌根领劲带动两臂缓缓下按。掌心斜向下，四指斜向上。

（4）意念引领内气沿任脉下行。配合呼气，双掌继续下按至两腰侧，距离身体15厘米。随双掌下按，上体继续下沉，胯弯继续放松，意念引领内气沉至丹田，双脚踏实。

（5）定式时，顶劲领起，两臂微屈，丹田沉实，胯弯坐实，两膝微外掤，两大腿外缠，屈膝开裆（图2.4）。

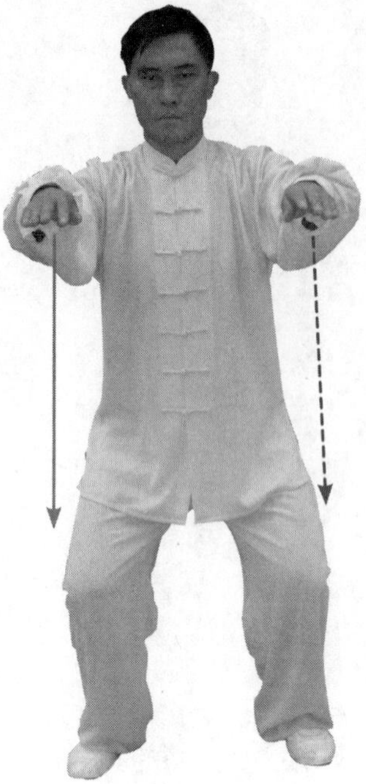
图2.3

图2.4

3. 金刚捣碓

（1）右胯弯放松，重心右移，以腰为轴，带动身体左转。

（2）在身体左转的带动下，左臂在上，右臂在下向左上方掤出，左臂高与肩平，掌心向外，拇指向下，臂撑圆。右臂置于胸腹中线，高与第三个纽扣平，掌心向左前方，四指斜向下（图2.5）。

图2.5

（3）两手先微向上旋掌。屈膝松胯，以腰为轴带动身体右转，重心左移。双掌随重心左移走下弧线向右捋，高与胸平，四指向前，两眼看四指前方。定式时，重心在左，右脚跟着地，脚尖抬起。右胯、膝放松，立身中正，上体不得前倾，臀部不得后翘（图2.6）。

（4）上体姿势不变，裆劲走下弧，重心下沉前移向右腿，右脚踏实，右腿微屈。意念引领左膝提起，左大腿放平，小腿与地面垂直，脚踝放松，扣裆合劲（图2.7）。

（5）屈膝松胯，重心下沉，左腿向身体左前方45度下行开步铲出，左脚跟内侧着地，脚尖翘起。立身中正，裆劲内扣（图2.8）。

（6）上体微右转，全身随动（一动无有不动），双掌右顺缠左逆缠右后展开。松右胯，重心下沉，左脚尖为内扣落地。

（7）松右胯，以腰为轴带动身体左转，裆劲走下弧，重心前移成左弓步。随身体左转，双手左顺缠右逆缠先向下方划弧，随即两掌分开，左前臂高与腰平，向左前方挤出，掌心向下与左脚相合，右手置于右膝内侧，掌心向前。左弓步时，左膝不可超出左脚尖，开裆松胯，两大腿外缠，右膝外掤（图2.9）。

（8）重心前移，落于左腿。随重心前移左手上撩，右脚走内侧弧线点于左脚右前方。右手随重心前移上抬置于右胸前，掌心向里，四指向上。左手下落搭于右大臂（图2.10）。

图2.6

图2.7

图2.8

图2.9

图2.10

图2.11

图2.12

（9）右手松松握拳（先卷四指，再压拇指），放松下沉。同时，左掌外翻下落于小腹丹田前，掌心向上，离身体10厘米左右。配合呼气，右拳下落于左掌心（2.11）。

（10）意念引领，右拳与右脚同时抬起，右小臂竖直，离身体10厘米左右。右大腿抬平，膝与脚踝同时放松（图2.12）。

（11）全身放松沉气，右脚震脚，同时，右拳向左掌心砸拳，两臂呈圆形。两脚与肩同宽，重心仍保持在左腿，右脚要虚。屈膝松胯，气归丹田（图2.13）。

图2.13

4. 懒扎衣

（1）屈膝松胯下沉，松右胯以腰为轴带动丹田先微向后再向左旋，上体随动微左转，重心左移。同时，右拳变掌，双掌随转向左上方穿出，高与肩平，重心左移。动作中要上体中正（图2.14）。

（2）以腰为轴带动上体右转，重心移至右腿，随转体双掌右顺左逆缠绕向左右弧形拉开。右手拉于右肩上方，高与头平，掌心向外。左手拉至左胯下方，掌心向下向外高与胯平（图2.15）。

（3）两手相合，重心左移，同时抬起右腿。左手逆缠上行，右手逆缠下落交叉于胸前，右手横掌在下，掌心向左。左

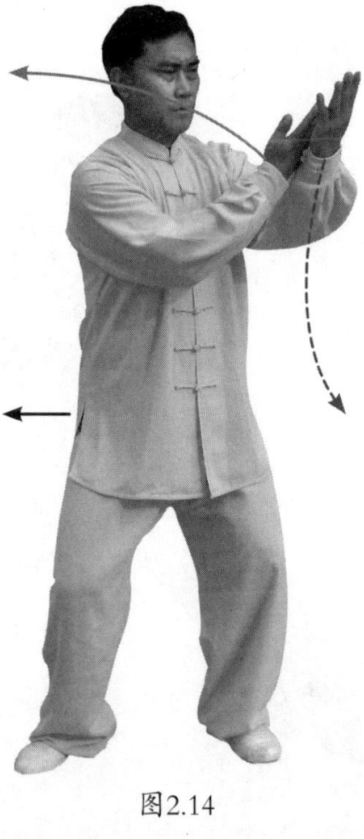

图2.14

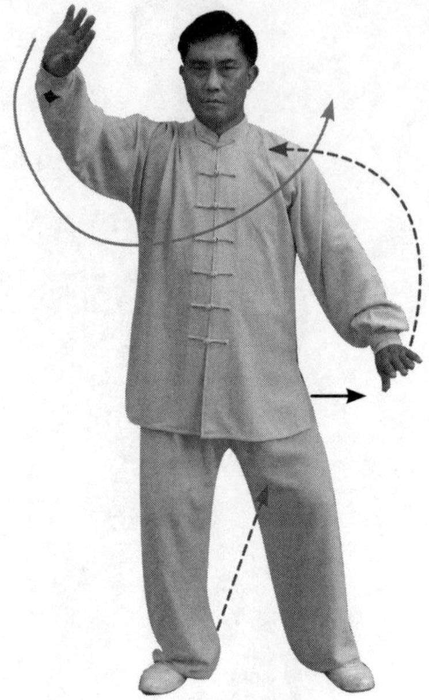

图2.15

图2.16

图2.17

手立掌置于右手腕部（图2.16）。

（4）重心下沉，右腿向右横开一大步，脚跟铲地，脚尖翘起（图2.17）。

（5）身体左转，右脚尖随动内扣落地，松左胯，裆劲下沉。右手顺缠左上掤出，掌心向外，高与鼻平。左手下落抱肋（图2.18）。

（6）走裆劲，重心右移，先出右胯再走腰，带动整体右转。

（7）上动不停，随转体，呼气，右手掌根领劲从胸前走上弧线顺缠至身体的右上方，高与肩平，四指向前，掌心向外。左手沿小腹拉至左胯弯，胸向右前方。

（8）松肩沉肘，腰微左转带动身体恢复中正，重心下沉并偏向右腿，左手四指向前叉腰。呼气，松右肩，右肘下沉，带动右掌逆缠，掌指竖起，掌心向前。此时，肩关节松活，左肘尖内扣。右肩与右胯相合，右肘与右膝相合，右手与右足相合。目视前方，意向右手中指尖，两膝外掤，大腿外缠，顶劲领起，腰劲下足（图2.19）。

图2.18

图2.19

5. 六封四闭

（1）身体右转，左手逆缠走上弧线接于右手，重心随动稍向右。此时右手应与左手相呼应逆缠微上掤，右掌高与鼻平，左掌高与胸平，双掌掌心向外，两臂掤圆（图2.20）。

（2）当左手运至右肩高时，松肩沉肘，重心下沉。体微左转，走裆劲带动重心左移，双手外缠下捋（图2.21）。

图2.20

（3）身体左转，双手随转体捋至左膝上方时，上体左后转，带动双掌经左前方折臂置于左肩上，左手掌心向上，右手掌心向左，重心在左腿。此式要运用连续左转、胸腰折叠带动全身动作（图2.22）。

（4）腰右转，重心右移，收左腿，重心全部放置右腿上，左脚尖点地，两脚距离与肩同宽（图2.23）。

图2.21

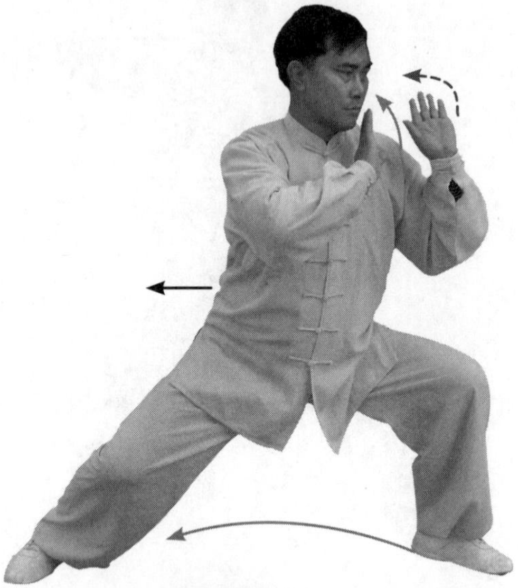

图2.22

图2.23

图2.24

（5）松右胯，腰右转，双掌向右前下方按出高与胸平，右手高于左手，松肩、坠肘、塌腰，气归丹田（图2.24）。

6. 单鞭

（1）腰微右转，以合劲带动双掌顺缠，掌心向上，右掌置于左掌腕部上方（图2.25）。

（2）上体左转，右掌变勾手，经左掌外侧向右拉开，左掌随转体下落至小腹左侧，掌心向上，吸气开胸（图2.26）。

图2.25

图2.26

（3）重心下沉合劲，含胸，两肩里合相系，抬起左腿向左开一大步，脚跟内侧着地（图2.27）。

（4）松右胯，身右体转，左脚尖随动里扣着地。左掌顺缠向右置于右肩前（图2.28）。

（5）出左胯，重心左移，腰左转，呼气，依次带动左肩、肘、手走上弧线以掌根领劲向左拉开，左掌高与肩平，掌心向外。同时，右脚尖与左手相系随动里扣（图2.29）。

（6）左手开至左膝上方时，上体右转摆正，左肘下沉，左掌里缠，变为掌心向外。同时呼气，裆劲下沉，两膝外掤，大腿外缠。此时，全身肩与胯合，肘与膝合，手与足合。气沉丹田，目视前方，意向左手中指尖（单鞭心意向左行）（图2.30）。

图2.27

图2.28

图2.29

图2.30

7. 金刚捣碓

（1）右勾手变掌，松右胯，腰左转，右手逆缠走下弧线接于左手，重心移向左腿，右掌在上，高与肩平，左掌在下，高与胸平，双掌掌心向外（图2.31）。

（2）腰右旋，重心移向右腿，双掌左逆右顺掌根领劲走上弧线向右上方掤出，高与肩平（图2.32）。

图2.31

图2.32

以下与“3. 金刚捣碓（7）~（11）”相同（图2.33）。

图2.33

8. 白鹤亮翅

（1）右拳变掌，身体微左转，重心左移。双掌先向左上方穿出，再双掌顺缠划弧置于身体正前方交叉。同时，重心移向右腿（图2.34）。

（2）提左腿，重心下沉，左腿向左后方45度开步，前脚掌先着地。

（3）上体左转，重心左移，带动双掌右

图2.34

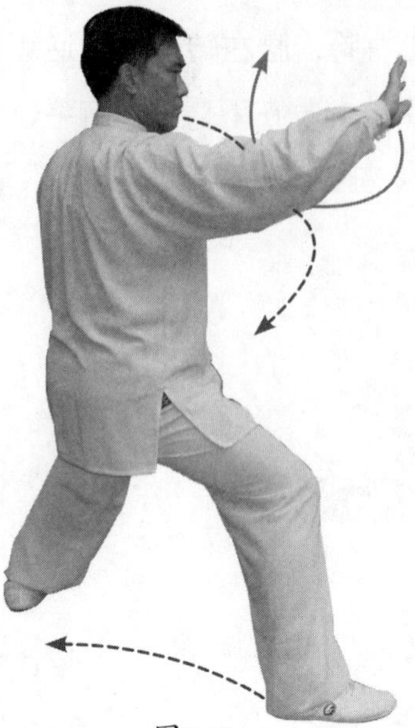
图2.35

图2.35附图

上左下拉开。右掌置于右肩前方，掌心向外。左掌置于左胯，掌心向左下方。裆开圆，大腿外缠，双胯放松（图2.35及附图）。

（4）重心微下沉，左手从下向上，右手从上向下划弧交叉于胸前，同时收右脚至左脚内侧，脚尖点地。

（5）右腿向右后方开半步，前脚掌先着地。重心移向右腿，左脚收至右脚左前方，脚尖点地。同时，上体右转带动双掌右上左下拉开。右掌高与额平，掌心向外，四指向左。左掌置于左膝上方，掌心向下，四指向右。含胸、塌腰、松胯、气沉丹田，二目平视（图2.36及附图）。

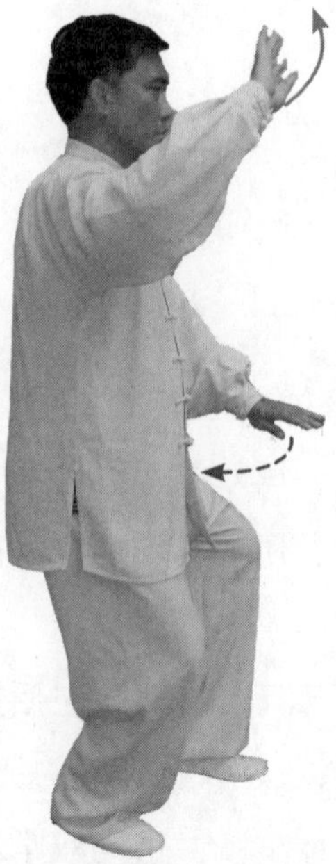
图2.36

图2.36附图

9. 斜行

（1）松胯，身体左转，带动右臂屈臂向左划弧，左手随转体向左后方展开（图2.37）。

（2）右手经胸前向左向下划弧至右胯，左手随动从后向上划弧至左上方。同时身体右转180度，重心全部移向左腿，左腿微屈，右脚虚步，脚尖翘起。随转体，左掌继续转向身体前方，立掌，掌心向前，四指向上。右掌转至右腿外侧，掌心向下，四指向前，右胯放松（图2.38）。

（3）上体不变，走裆劲，重心前移至右腿。左腿抬起，大腿抬平，脚踝放松（图2.39）。

扫码即可观看相关视频

由于视频先于图书拍摄，并非本书专门摄制的视频资料，如有与本书内容不符的地方，以图书内容为准。

图2.37

图2.38

图2.39

（4）重心下沉，左脚向左前方45度开步。脚跟内侧着地。屈膝松胯（图2.40）。

（5）向右转体，全身随动（一动无有不动），同时左脚尖内扣着地。松右胯，上体左旋，带动右手逆缠向后向上折臂置于右肩上方（护耳）（图2.41）。

（6）重心前移至左腿，上体继续左转，带动左肘经左膝下方向左拉开左臂。

图2.40

图2.41

左掌变勾手，左腕领劲，松肩沉肘。右掌随转体至胸前中线，手掌离身体60厘米，掌心向左，掌指向上（图2.42）。

（7）松左胯，腰右转，右掌以掌根领劲顺缠向右前方拉开，当右掌拉至右肩前方时，身微左转调正上体，重心下沉、呼气，右掌逆缠里合，沉肩坠肘，掌心向外，四指向上。圆裆、大腿外翻、气沉丹田。左膝置于两臂正中（图2.43及附图）。

10. 搂膝

（1）屈膝松胯，裆劲下沉，两手随身体下沉下行至左腿两侧。

图2.42

扫码即可观看相关视频

图2.43

图2.43附图

（2）重心前移，两手抱膝前掤。两掌心向上置于左膝前方（图2.44）。

（3）两手向前向上划弧，同时，重心后移至右腿，左脚随重心后移收至右脚前方，左脚尖点地。

（4）两手随身体重心后移相合于胸前中线。左手在前，右手在后，掌心相对。同时放松左胯、呼气、沉肩坠肘、屈膝塌腰、重心下沉，二目平视前方（图2.45）。

图2.44

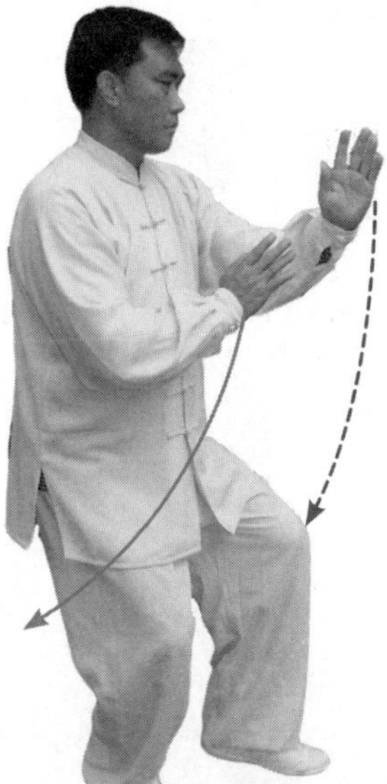

图2.45

11. 拗步

（1）松胯，两手随身体右转下捋至右胯，左手置于右胯前，掌心向后，右手置于右胯后方，掌心向下（图2.46）。

（2）上体继续右转，两手随转体向后左顺右逆展开。重心下沉，提起左腿，

图2.46

图2.47

图2.48

图2.49

两手右顺左逆变为左掌心向下，右掌心向上（图2.47）。

（3）重心继续下沉，左脚向左前方45度开步，脚跟内侧着地（图2.48）。

（4）身体微右转，左脚尖内扣着地，右手折臂护耳（图2.49）。左掌微下沉。身体左转，重心左移成左弓步。与身体左转同时，右掌经右耳旁向前推出，掌心向前，四指向上。左掌经腹前向下划弧至左膝外侧，掌心向下，四指向前。开裆松胯（图2.50）。

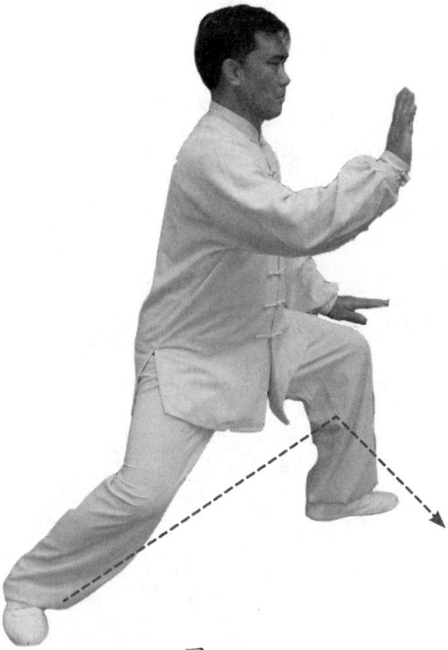

图2.50

（5）重心下沉并全部移于左腿。提右腿，右脚向右前方45度开步，脚跟内侧着地（图2.51及附图）。

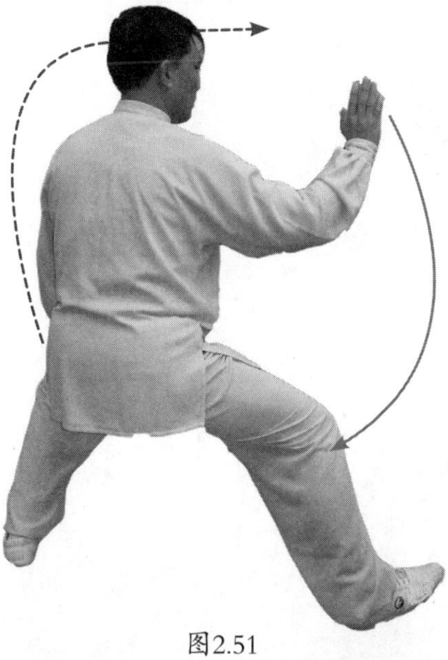

图2.51

图2.51附图

（6）身体左转，右脚尖内扣着地。松左胯，左手折臂护耳，右掌同时向左划弧下沉于腹前，掌心向下（图2.52及附图）。

（7）身体右转，重心右移成右弓步。随身体右转，左掌经左耳旁向前推出，掌心向前，四指向上。右掌经腹前向下划弧至右膝外侧，掌心向下，开裆松胯（图2.53）。

图2.52

图2.52附图

图2.53

12. 斜行

同“9. 斜行（3）~（7）”（图2.54）。

13. 搂膝

同“10.搂膝”（图2.55）。

图2.54

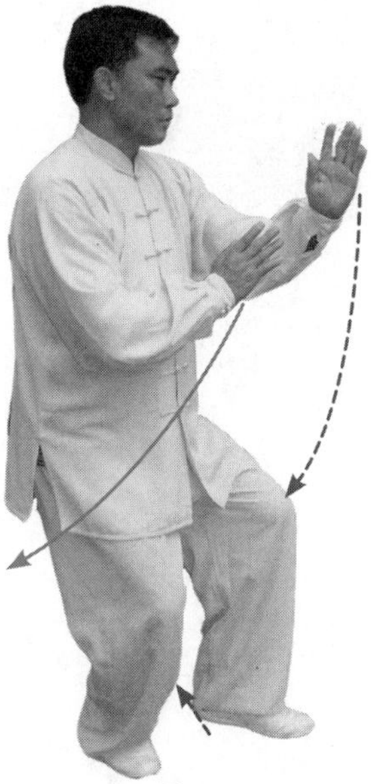

图2.55

14. 拗步

（1）~（5）同“11.拗步（1）~（5）”（图2.56）。

（6）身体左转，右脚尖着地。松左胯，重心完全移于右腿，提起左腿，左手向上，右手向下划弧交叉相合于胸前，左手在上（图2.57）。

（7）以右脚掌为轴，身体微右转，重心下沉，左脚向左前方45度开步，脚跟内侧着地（图2.58）。

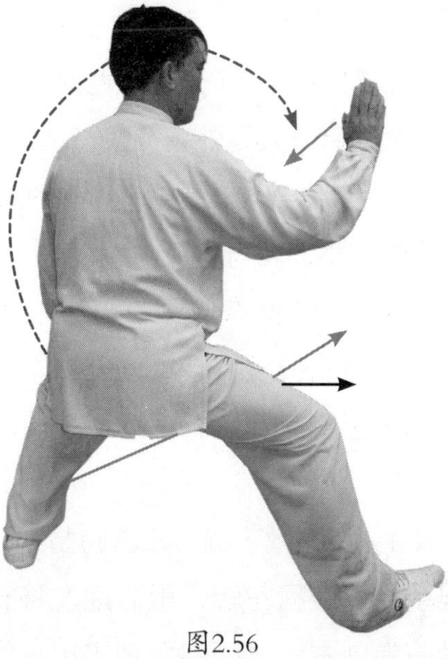

图2.56

图2.57

图2.58

15. 掩手肱拳

（1）重心左移，身体微左转，两手向下、向左右顺缠分开，两掌心向外。开裆松胯，大腿外缠（图2.59）。

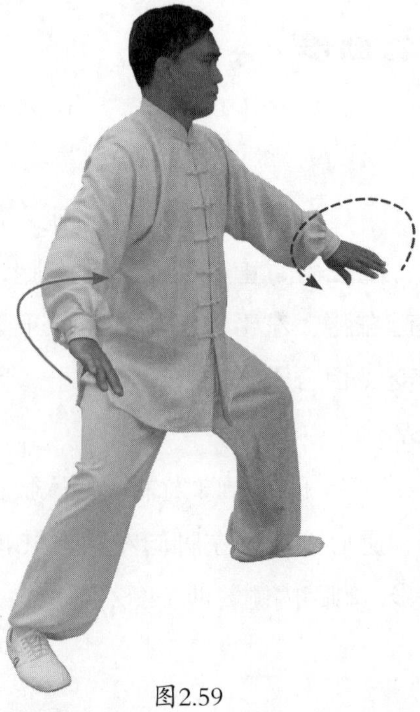

图2.59

（2）身体右转，重心右移，两掌同时逆缠上举，高与肩平。

（3）右掌变拳收至右胸前，小臂放平，右肩放松，拳心向上。左掌随转体收至胸前中线，掌心向里（图2.60）。

（4）重心微下沉，松右胯蓄劲。右足蹬地，腰猛左转，重心速左移，带动右拳向右前方顺缠发劲击出，拳心向下。同时，左掌下沉，左肘后击，与右拳形成对拉劲。发劲时要做到劲起于脚、行于腿、主宰于腰，以腰带肩、以肩带肘、以肘带手，松活弹抖，呼气发声（图2.61及附图）。

图2.60

图2.61

图2.61附图

16. 金刚捣碓

（1）右拳变掌。松左胯，重心下沉，身体微左转再右转，带动左掌先顺后逆缠走后弧线向胸前合于右掌。双掌置于左膝上方（图2.62）。

（2）腰右转，重心移于右腿，双掌顺缠右上左下分开。右手高与头平，掌心向外。左手置于左膝上方，掌心向左下（图2.63）。

（3）上动不停，身体继续右转，走裆劲重心移于左腿。随转体左手上行，高与肩平，掌心向外。右手下行，置于右膝上方，掌心向右下，目视右下方（图2.64）。

图2.62

（4）身体继续右转，带动右脚划弧收于左脚右前方，脚尖点地。右手随右腿逆缠划弧上举，高与头平，掌心向里。左掌随转体逆缠搭于右大臂，掌心向里，四指向右（图2.65）。

（5）与“3. 金刚捣碓（9）~（11）”同（图2.66）。

图2.63

图2.64

图2.65

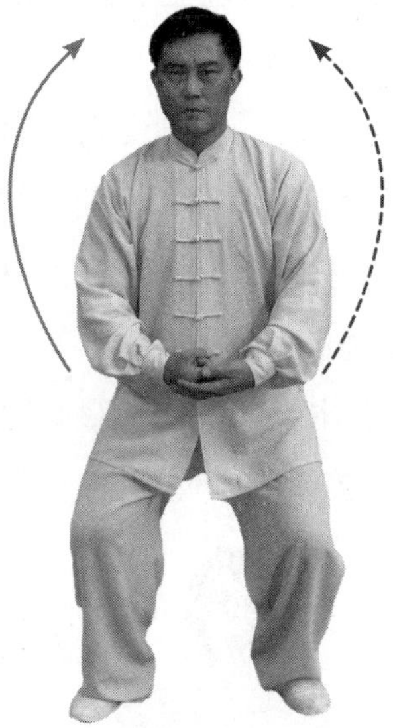
图2.66

17. 撇身拳

（1）右拳变掌。双掌左右分开，向上领劲交叉于头顶，吸气（图2.67）。

（2）屈膝松胯，呼气下沉。双掌随上体下沉落至胸前，离身体60厘米（图2.68）。

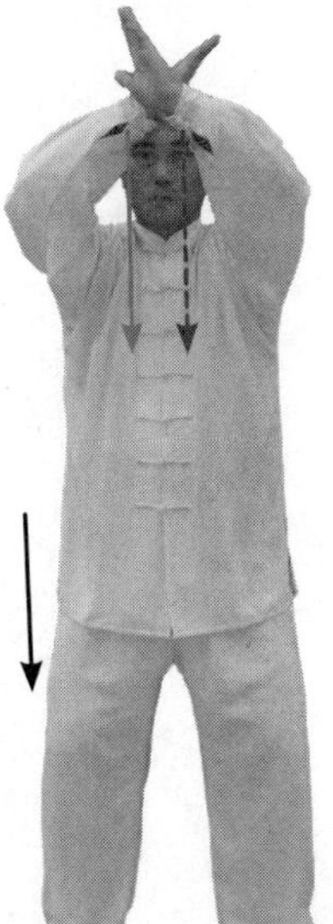
图2.67

图2.68

（3）重心移向左腿，抬右腿。重心下沉，右脚向右开一大步，脚跟着地。上体保持中正，气沉丹田，两膝外掤，大腿外缠（图2.69）。

（4）腰左转，右脚尖内扣落地。双掌左顺右逆向左前方掤出，左掌高与肩平并与左膝相合，右掌置于胸前中线，双掌掌心向左（图2.70）。

（5）松左胯，上体下沉，双掌左逆右顺先向下再向右捋于右膝上方。同时走裆劲，重心移向右腿（图2.71）。

（6）身体继续右转，双掌随转体继续右捋。当身体转至胸与右膝相照时，右掌捋至右后方，掌心向后，左掌向右包右肋（图2.72）。

图2.69

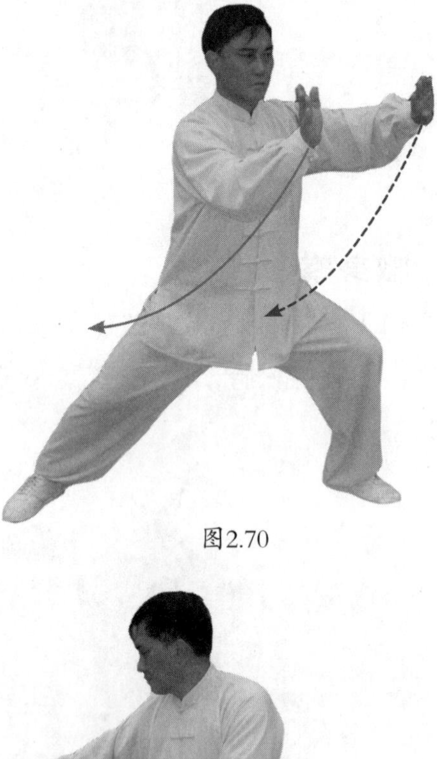

图2.70

图2.71

图2.72

（7）松右胯，腰左转，右掌逆缠至掌心向前。身体继续左转带动重心移至左腿，右手经胸前向左捋至左膝上方，高与腰平，左手随动顺腹部拉向左腰侧，圆裆掤膝（图2.73及附图）。

（8）右掌变拳，身体右转，重心右移，随转体，以腰带肩、以肩带肘、以肘带手，使右拳顺缠至右上方，高与额平，右肘外露。左手右移叉腰，左肩下塌里合，左肘里合与左膝相照。此时，眼、左肘尖、左脚尖成一条线。裆劲下沉开圆，大腿外缠（图2.74）。

图2.73

图2.73附图

图2.74

18. 青龙出水

（1）身体微左转，身劲领起，右拳向身前、左掌向身后同时拉开。右拳高与眼平，拳心向下。左掌高与腰平，掌心向后，四指斜向下，重心在左（图2.75）。

图2.75

（2）身体右转90度，重心下沉左移，随转体右拳向下、向里，再向上逆缠划弧提于右胸前下方，右拳离身体两指宽，右小臂放平，拳心向上，拳眼向外。同时，左手顺缠向上过头顶落于胸前，高与鼻平，掌心向内对准体中心线（图2.76）。

（3）左脚蹬地，身体猛左转90度，重心速移向右腿。随转体以腰带肩、以肩带肘、以肘带拳向左膝内侧发劲打出，拳眼向里。与右拳发劲的同时，左肘后击，与右拳形成对拉劲，左掌高与腰平，掌心向上。发劲时呼气发声（图2.77）。

图2.76

图2.77

19. 双推手

（1）身体右转，右拳变掌与左掌同时走上弧掤于右上方，高与眼平，掌心向外（图2.78）。

图2.78

（2）松右胯，重心下沉，双掌下捋。左脚尖翘起外撇，身体左转90度，胸腹中线与左膝相照向。随转体，双掌经胸前左捋至左膝上方，两掌置于胸前，掌心向外，高与胸平（图2.79）。

（3）左脚踏实，重心完全移于左腿。身体继续左转，右腿抬起（图2.80）。右脚向右前方上一大步，右脚跟落地。双手同时落于小腹前（图2.81及附图）。

图2.79

图2.80

图2.81

图2.81附图

（4）身体继续左转，右脚尖内扣着地。随转体双掌先左捋再左顺右逆缠向上划弧置于左肩上方。掌心斜向上（图2.82及附图）。

（5）身体右转，重心完全移于右腿，左脚上步脚尖点于右脚左前方。

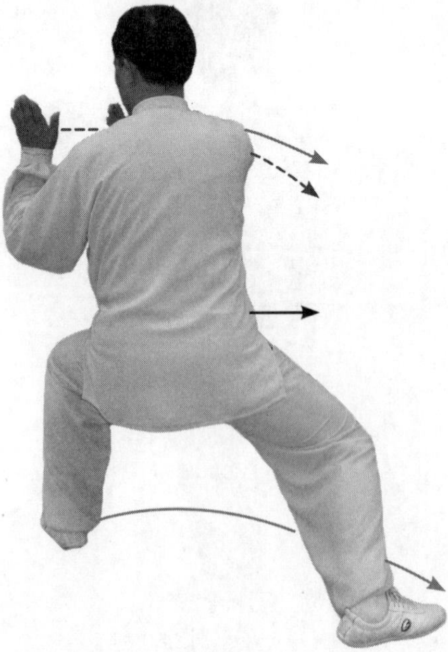

图2.82

图2.82附图

（6）呼气，身体下沉。双掌向前推出，高与胸平，掌心向外，掌指向上。顶劲领起，松肩垂肘，左胯放松，气沉丹田（图2.83）。

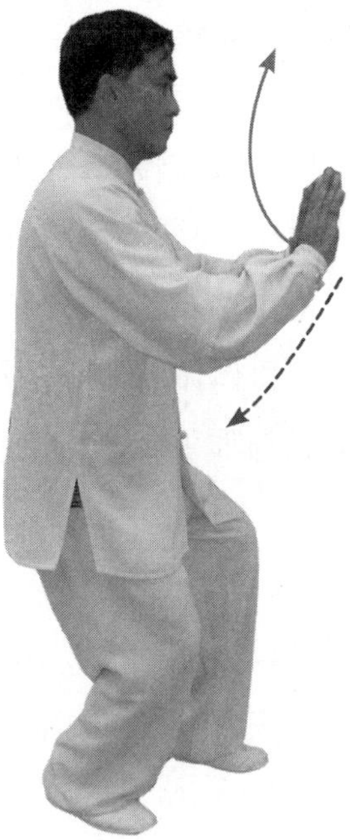
图2.83

20. 肘底捶

（1）右手逆缠向右上方领起举过头顶，掌心朝外。左手向左下方下按于左胯外侧，掌心向下（图2.84）。

（2）右手逆缠向左向下置于左肋前，掌心向左。左手先向左再逆缠向上举过头顶，掌心朝右（图2.85）。

（3）右掌变拳。呼气，重心下沉。屈左臂左肘下坠与右拳相合于左胸前（图2.86）。

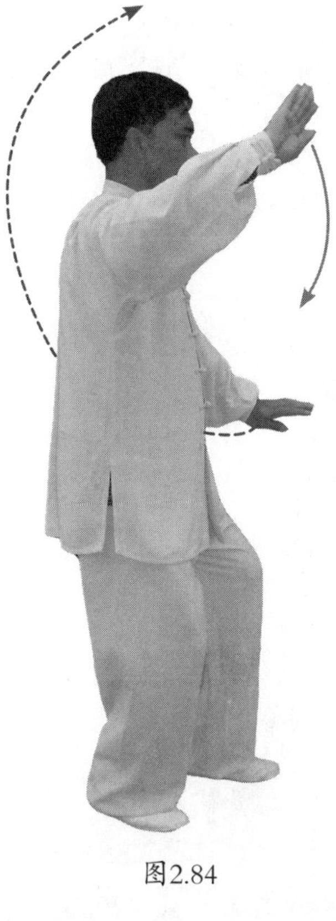
图2.84

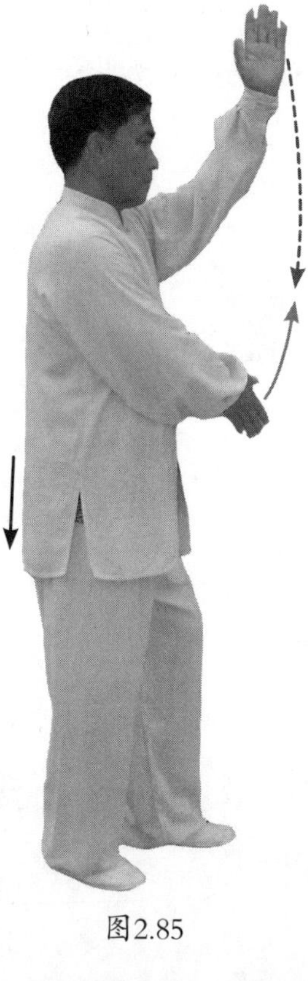
图2.85

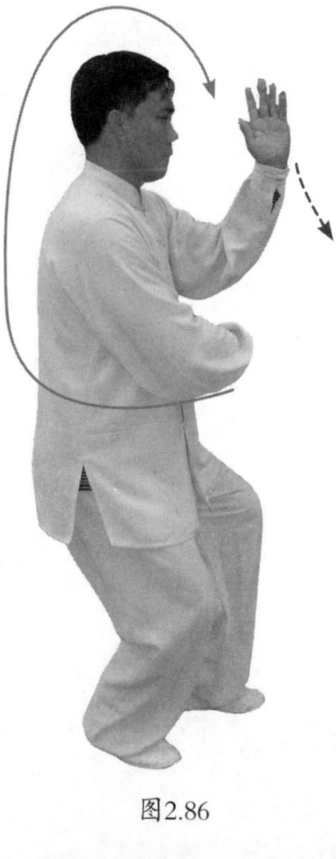
图2.86

21. 倒卷肱

图2.87

（1）右拳变掌，松左胯，两手顺缠左前右后拉开。身体微右转，带动右手向后再逆缠向上向前经过头顶与左手交叉相合于胸前（图2.87）。

（2）抬起左腿，左脚向左后方开一大步。重心左移，身体微左转，带动两手顺缠左下右上拉开，右掌高与眼平，掌心向外，左掌置于左膝上方，掌心向下，塌腰松胯（图2.88及附图）。

（3）松左胯，身体下沉。腰左转，左掌先向后展开再逆缠向上划弧，高与肩平，掌心向上。同时，右掌逆缠翻掌使掌心向上。眼看左掌。

（4）左脚尖内扣，身体右转，重心移向左腿，右脚撤步收至左脚内侧，脚尖点地。随转体，左手向上经头顶划弧与右手交叉相合于胸前（图2.89）。

（5）抬起右腿，右脚向右后方开一大步。松左胯，重心右移下沉，身体微右

图2.88

图2.88附图

转，带动两手顺缠右下左上拉开，左掌高与眼平，掌心向外，右掌置于右膝上方，掌心向下，塌腰松胯（图2.90）。

（6）松右胯，身体下沉。腰右转，右掌先向后展开再逆缠向上划弧，高与肩平，掌心向上。同时，左掌逆缠翻掌使掌心向上。眼看右掌（图2.91）。

（7）右脚尖内扣，身体左转，重心移向右腿，左脚撤步收至右脚内侧，脚尖

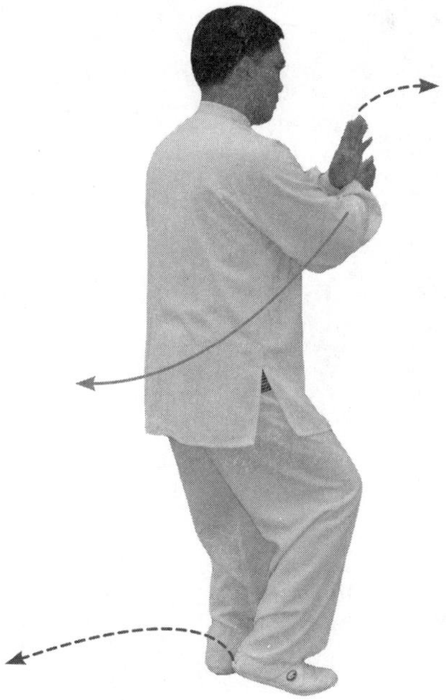

图2.89

图2.90

图2.91

点地。随转体，右手向上经头顶划弧与左手交叉相合于胸前（图2.92）。

（8）抬起左腿，左脚向左后方开一大步。重心左移，身体微左转，带动两手顺缠左下右上拉开，右掌高与眼平，掌心向外，左掌置于左膝上方，掌心向下，塌腰松胯（图2.93）。

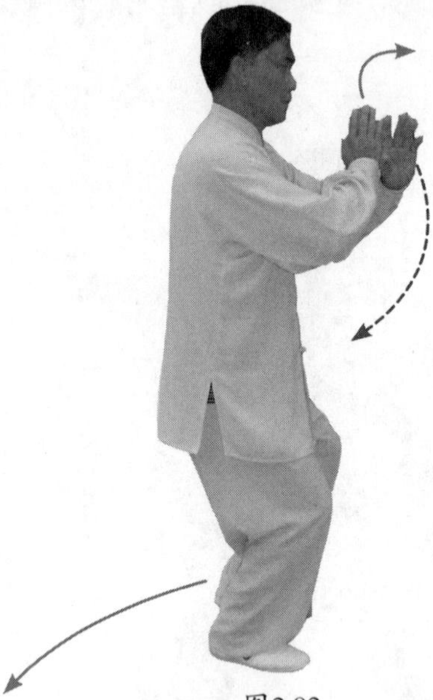

图2.92

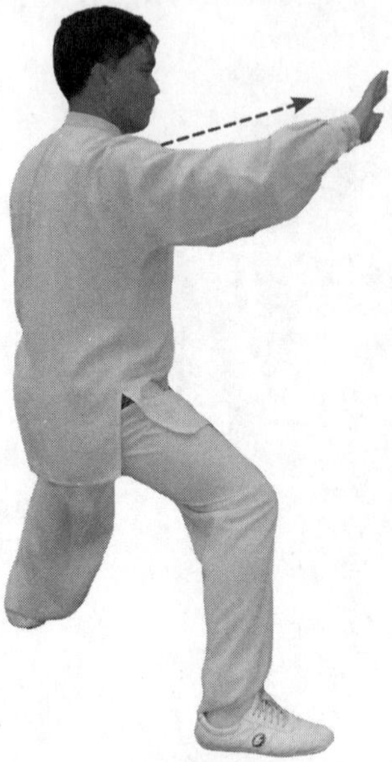

图2.93

22. 白鹤亮翅

（1）身体右转，随重心右移，左手走上弧线与右手相接于身体的右前上方，两掌心向外（图2.94）。

（2）松右胯，重心下沉，双掌下捋。重心左移，身体左转，两手分开，右手至右膝上方，左手继续左捋于左后方。

（3）身体右转，左手逆缠走上弧线与右手交叉相合于胸前，右脚撤步收至左脚内侧，脚尖点地（图2.95）。

（4）右腿向右后方开半步，前脚掌先着地。重心移向右腿，收左脚至右脚左前方，脚尖点地。同时，上体右转，带动双掌右上左下拉开。右掌高与额平，掌心向外，四指向左。左掌置于左膝上方，掌心向下，四指向右。含胸、塌腰、松胯、气沉丹田，二目平视（图2.96）。

23. 斜行

同“9. 斜行”（图2.97）。

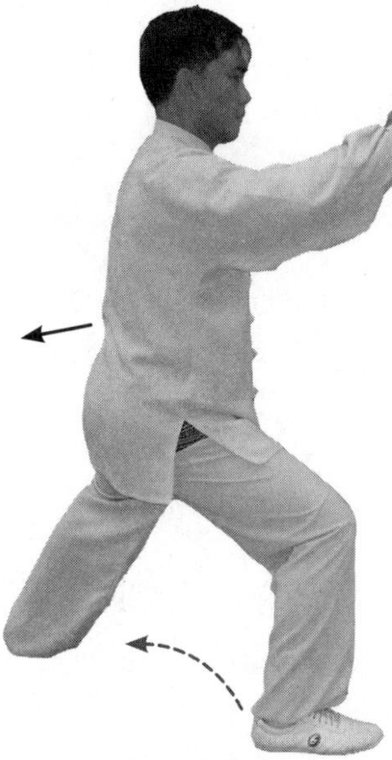

图2.94

图2.95

图2.96

图2.97

24. 闪通背

（1）左勾手变掌，重心前移，双掌逆缠合于左膝前上方，掌心向上（图2.98）。

图2.98

（2）重心后移至右腿，身体微右转，左脚收回至右脚内侧，脚尖点地。同时，右手顺缠屈臂收于右前上方，高与额平，掌心向外，四指向左。左掌逆缠收于左膝上方，掌心向右（图2.99）。

（3）身体继续右转，带动双掌向右后捋。当右掌捋至右后方，左掌捋至右胯上方时（图2.100），松右胯，重心微下沉，随即腰向左转，带动左掌顺缠上掤于左前上方，掌心向前。右掌逆缠下落于左膝上方，掌心向左（图2.101）。

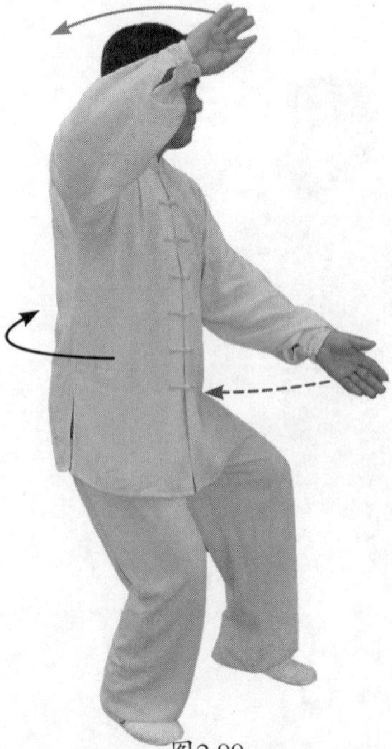

图2.99

图2.100

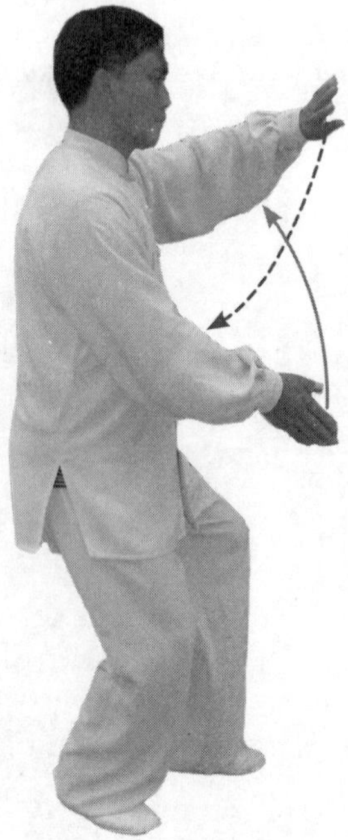

图2.101

（4）松左胯，身体右转。左掌变勾手下落。右掌顺缠上抬与胸平（图2.102及附图）。

（5）抬左腿向左前方开一大步，脚跟着地。松右胯，身体微右转下沉，随即左转，左脚尖落地，走裆劲重心移向左腿。随转体右掌向右前上方穿掌，高与头平，掌心向上，四指向前上方可打发劲（图2.103）。

（6）左勾手变掌，身体右后转180度，重心完全落于左腿，同时抬起右腿，大腿抬平，脚踝放松。随转体，右掌顺缠下落，左掌逆缠走上弧与右掌交叉相合于胸前（图2.104）。

图2.102

图2.102附图

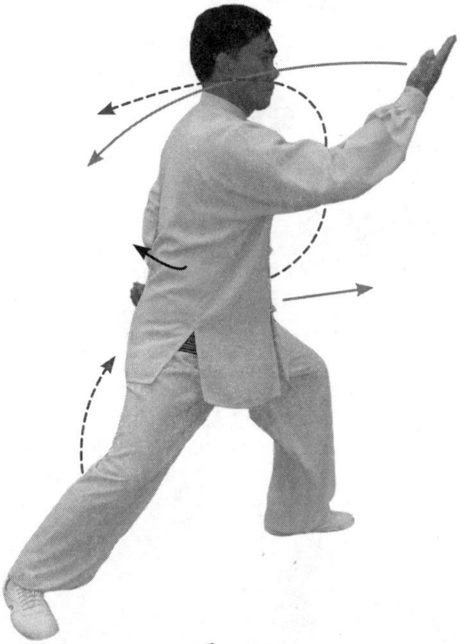
图2.103

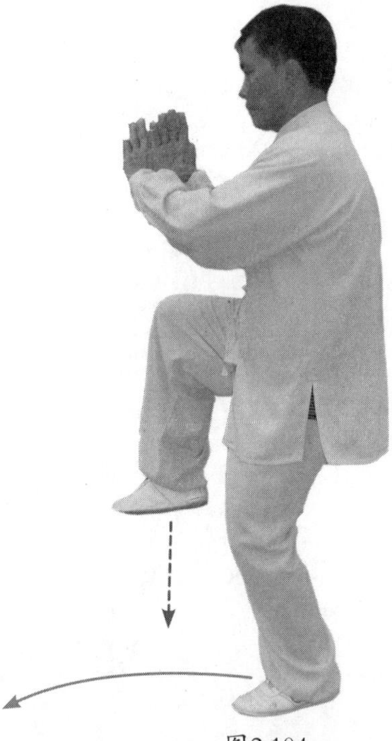
图2.104

25. 掩手肱拳

左脚蹬地跳起，右脚震脚落地，左脚随即向左前方上一步，脚跟着地（图2.105）。

以下与“15. 掩手肱拳”相同，但方向相反（图2.106、图2.107、图2.108）。

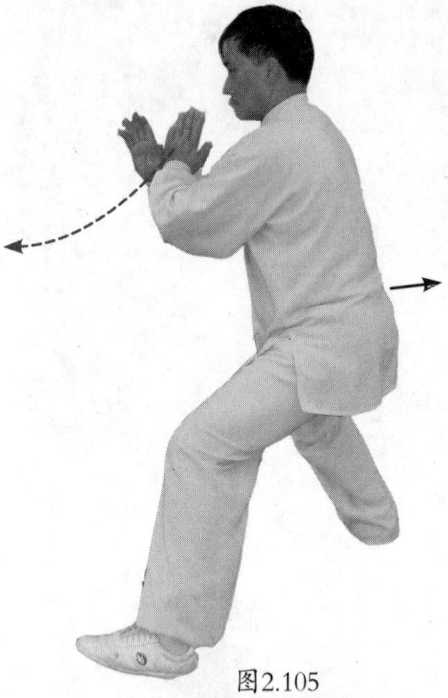

图2.105

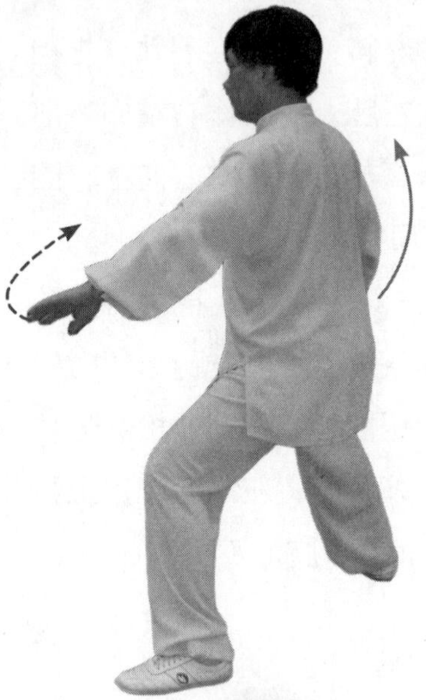

图2.106

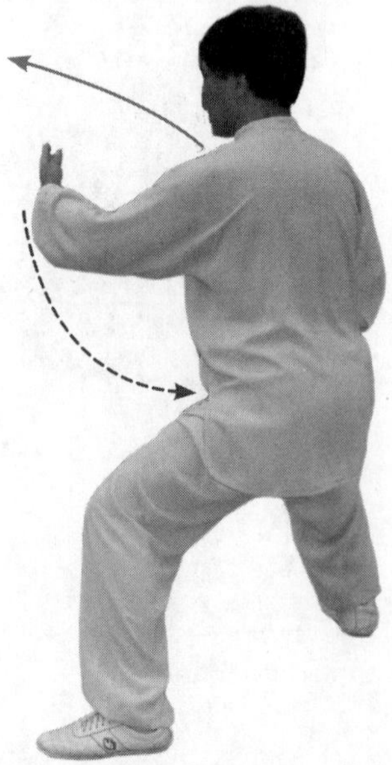

图2.107

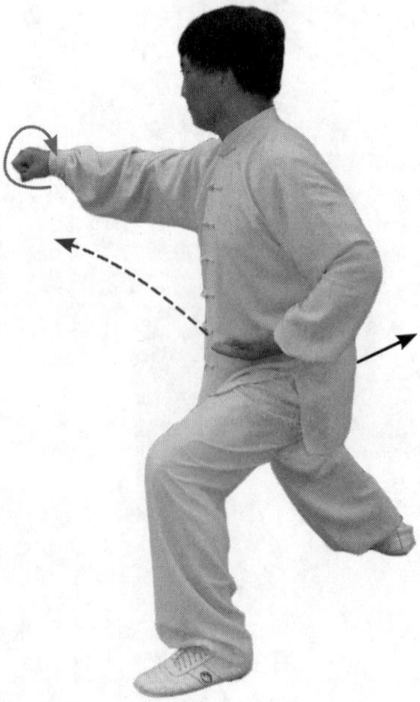

图2.108

26. 六封四闭

（1）右拳变掌，重心右移，左掌顺缠走上弧接右手（图2.109）。

（2）裆劲下沉，双掌左顺右逆下捋至胸前。身体左转，重心随转体后移于右腿，左脚虚步脚尖翘起。身体继续左转，双掌左捋（图2.110）。

（3）身体下沉，左脚尖踏实，走裆劲重心移于左腿。提右腿，大腿抬平，脚踝放松（图2.111）。

（4）右脚向右开一大步，脚跟着地（图2.112）。

（5）身体左转90度，右脚尖踏实，双掌随转体左捋至左膝上方（图2.113）。

以下与“5. 六封四闭的（3）~（5）”相同（图2.114）。

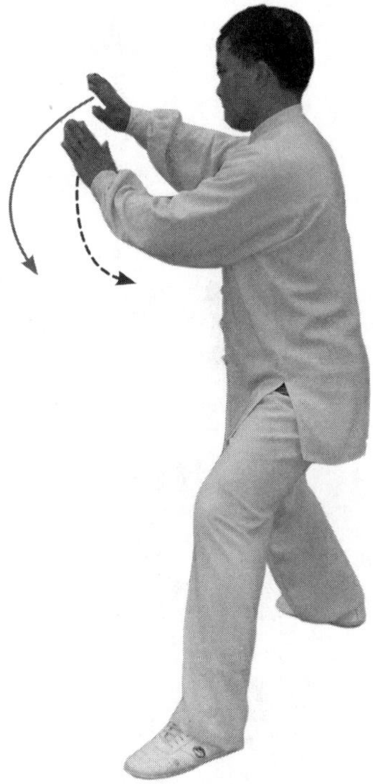

图2.109

图2.110

图2.111

图2.112

图2.113

图2.114

27. 单鞭

与“6. 单鞭” 相同（图2.115）。

图2.115

28. 云手

（1）右勾手变掌，松右胯，裆劲下沉，身体微左转，丹田气由右向后贴两肾向左内转，带动右掌逆缠，走下弧至腹前。同时与右掌相呼应，左掌顺缠上掤，掌心向外，四指向右。此式要注重腿、裆、腰、肩、肘及左右手双缠丝劲的协同运用，做到全身“一动无有不动”（图2.116）。

（2）松左胯下沉，身体微右转，吸气，走裆劲重心右移，丹田气由左向前贴肚皮向右内转，同时，右掌顺缠由下向上向右走上弧线经胸前旋转掤于右肩上方。眼看右掌。左掌随动（全身一动无有不动）逆缠由上向下向右走下弧线经腹前向右至腹前（图2.117）。

（3）松右胯下沉，呼气，走裆劲重心移于左腿，右脚收至左脚内侧，脚尖点

图2.116

图2.117

地，丹田气由右向后贴两肾向左内转。同时，左掌顺缠由下向上向左走上弧线，经胸前旋转掤于左肩前方，左掌走上弧高不过鼻，眼看左掌。右掌随动（全身一动无有不动）逆缠由上向下向左走下弧线至腹前，右掌走下弧低不过脐（图2.118）。

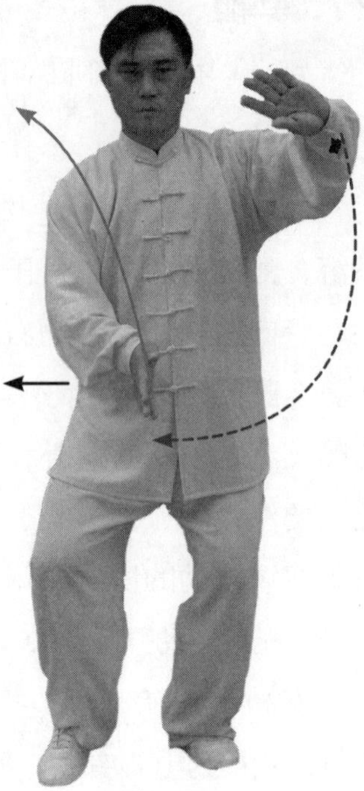

图2.118

（4）松左胯，换劲重心移于右腿，左脚虚步。同时，腰先微左转再微右转，吸气，丹田气由左向前贴肚皮向右内转，右掌顺缠由下向上向右走上弧线，经胸前旋转掤于右肩前方，眼看右掌，右掌走上弧高不过鼻。左掌随动（全身一动无有不动）逆缠由上向下向右走下弧线，经腹前向右至腹前，左掌走下弧低不过脐（图2.119）。

（5）抬左腿，向左迈一大步，脚跟着地（图2.120）。

图2.119

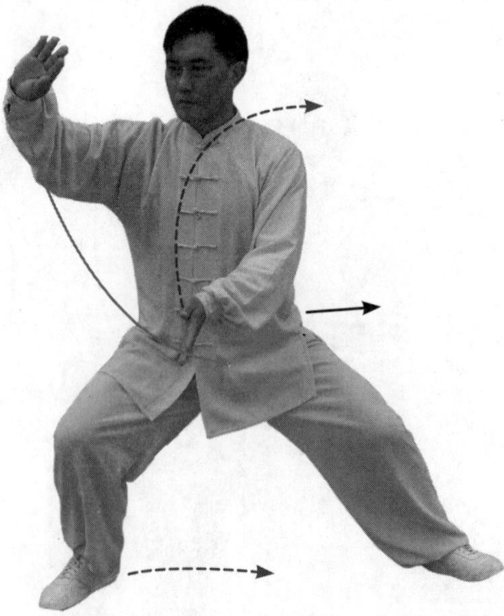

图2.120

（6）松右胯下沉，呼气，走裆劲重心移至左腿，右脚收于左脚内侧，脚尖点地，丹田气由右向后贴两肾向左内转。同时，左掌顺缠由下向上向左走上弧线，经胸前旋转掤于左肩前方，左掌走上弧高不过鼻，眼看左掌。右掌随动（全身一动无有不动）逆缠由上向下向左走下弧线至腹前，右掌走下弧低不过脐（图2.121）。

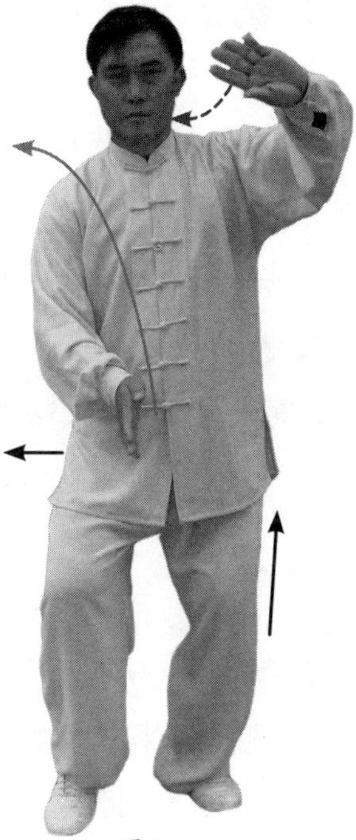
图2.121

（7）同上（4）（5）（6）（图2.121）。

（8）松左胯，腰先微左转再微右转，吸气，丹田气由左向前贴肚皮向右内转，换劲，重心移于右腿，左脚虚步。右掌顺缠由下向上向右走上弧线，经胸前旋转掤于右肩前上方。左掌随动（全身一动无有不动）由上向下再向上划弧接于右掌，抬左腿（图2.122）。左脚向左后45度迈一大步，脚跟着地，立身中正（图2.123）。

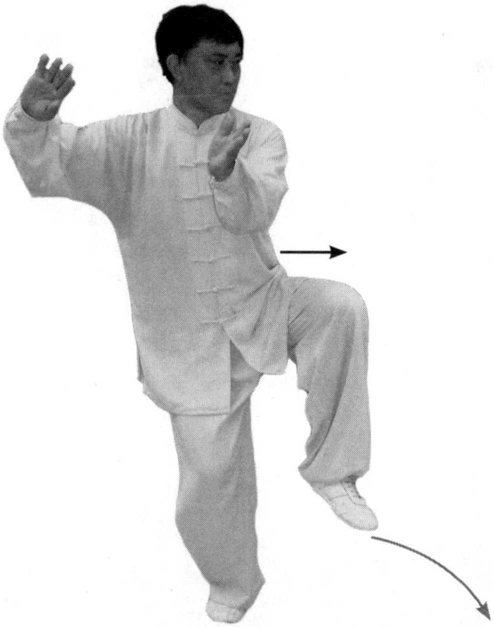
图2.122

图2.123

29. 高探马

（1）身微右转，左脚尖内扣着地。

（2）松右胯下沉，身体左转，走裆劲，重心前移成左弓步。随身体左转，双手左顺右逆先向下划弧，随即两掌分开，左前臂高与腰平向左前方挤出，右手置于右膝内侧上方，掌心向前。左弓步时，左膝不可超出左脚尖，开裆松胯，两大腿外缠，右膝外掤（图2.124）。

图2.124

（3）左手向上领劲，重心前移于左腿。左手随动交叉于右手腕，同时抬起右腿，大腿抬平，脚踝放松（图2.125）。

（4）松左胯下沉，右脚向右开一大步，脚跟着地。身体左转，右脚掌内扣着地。两手上掤于头顶上方，身体右转，两手左右分开随身体下沉。重心于两腿中间，两掌心向前，掌指向上，高与肩平（图2.126）。

（5）身体左转，重心左移，带动两手上掤于左前上方，两掌心向左（图

图2.125

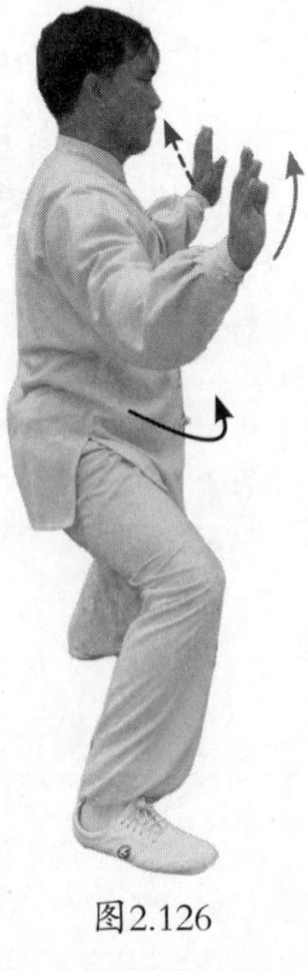

图2.126

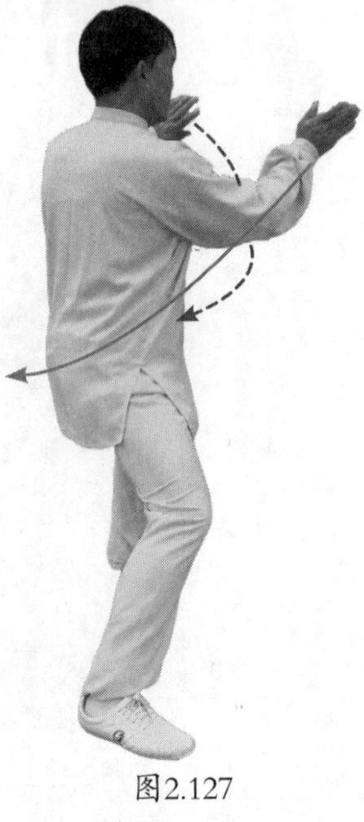

图2.127

2.127）。

（6）松左胯下沉，两手左逆右顺下捋。身体右转90度，重心右移， 两掌横掌随转体向右后展开（图2.128）。

图2.128

（7）上动不停，右手逆缠上举，左手置于右膝上方（图2.129）。

（8）左掌逆缠翻掌，掌心向上。同时身体下沉，右臂屈肘下沉于左掌心上方（图2.130）。重心移于右腿，腰左转90度，左脚随动向左划弧，脚尖点于右脚内侧（图2.131及附图）。

（9）开胸呼气，右掌向右推出，手腕高与肩平。左掌拉于左腰侧，与右手形成对拉劲，松肩沉肘，气沉丹田（图2.132及附图）。

图2.129

图2.130

图2.131

图2.131附图

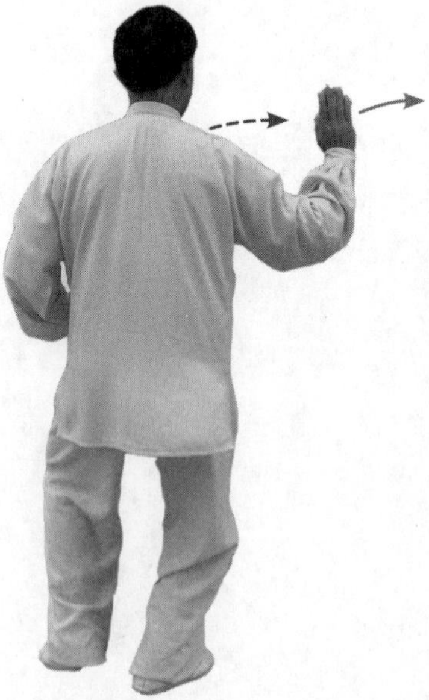

图2.132

图2.132附图

30. 右擦脚

（1）左手顺缠走胸前接于右手，同时右掌微顺缠上掤（图2.133及附图）。

（2）松胯下沉，双掌下捋至腰侧。两掌分开，左手向左向上顺缠上举。同时，抬起左腿向右脚前方交叉上一小步，重心移于左腿，右脚虚步脚尖点地，右膝穿过左腿弯下蹲，身体坐于右脚跟上。随上步，右手先向下再向上、左手向下交叉于胸前，左掌在上，右掌在下（图2.134）。

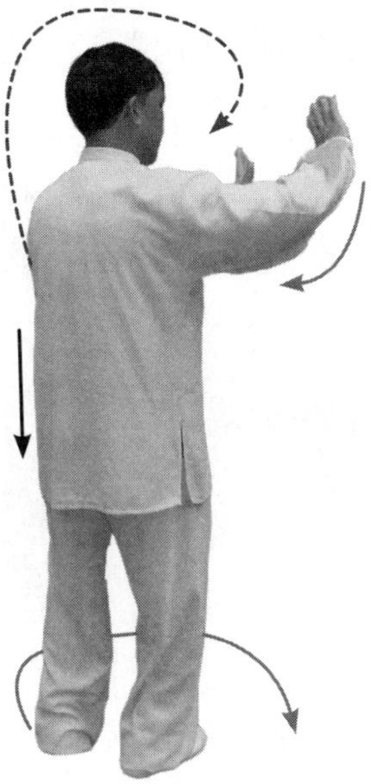

图2.133

图2.133附图

（3）双手领劲上掤，高与头平，身体站立，重心全部移于左腿（图2.135）。

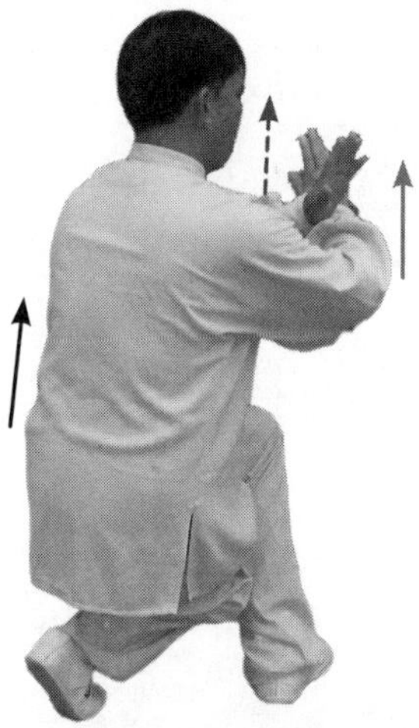

图2.134

图2.135

右脚向前上方踢出，双手同时下落，右掌用力拍打右脚面，左掌落于左后方，高与肩平，掌心向下（图2.136）。

图2.136

31. 左擦脚

（1）右脚跟落地，距离左脚一肩宽，脚尖外摆。重心全部移于右腿。左脚以脚掌为轴，身体右转180度，双手随转体水平移动，左掌在前，右掌在后（图2.137）。

图2.137

（2）随转体重心下落，左膝穿过右腿弯下蹲，身体坐于左脚跟上。同时，双手交叉于胸前，左掌在上，右掌在下（图2.138）。

（3）双手领劲上掤，高过头顶，身体站立，重心全部移于右腿。左脚向前上方踢出，双手同时下落，左掌用力拍打左脚面，右掌落于右后方，高与肩平，掌心向外（图2.139）。

图2.138

图2.139

32. 左蹬一跟

（1）以右脚跟为轴，身体左转180度。左脚随转体落于右脚前方，脚尖点地，两脚距离与肩同宽。同时，左手下落与肩平，掌心向下，并随转体两手平行移动，两臂展开（图2.140）。

（2）屈膝松胯，气沉丹田。两手同时下落，交叉相合于腹前，左手在外，右手在

图2.140

里，两掌心向内，重心全部移于右腿，脚趾抓地。抬左脚，大腿抬平，脚踝放松。重心稍下沉蓄劲（图2.141及附图）。

（3）随即左脚跟用力向左蹬出，高与胯平。同时，两掌先上收至胸前再发力向身体两侧用力推出，掌心向外（图2.142）。

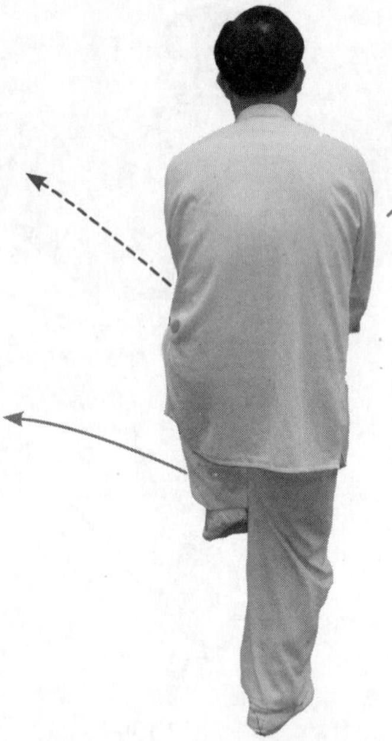

图2.141

图2.141附图

图2.142

33. 前趟拗步

（1）左脚向左前方落地，脚跟着地，距离右脚两肩宽（图2.143）。

图2.143

（2）身体右转90度，左脚尖落地。随转体，右掌下落至右胯旁，左掌上抬至与头平。当左手转至右上方时，松右胯，重心稍下沉，左手顺缠下落于右腰侧，同时带动右手逆缠折臂护耳，重心在右腿（图2.144及附图）。

（3）松左胯，身体左转，重心移于左腿。随转体，右掌经右耳旁向前推出，掌根高与肩平。左掌随动经腹前向左划弧置于左膝外侧，掌心向下，开裆松胯（图2.145）。

以下同“11. 拗步（5）（6）”。但前进方向相反。

（4）接“拗步（6）”提左腿向左前上步，脚跟着地，重心在右腿（图2.146）。

图2.144

图2.144附图

图2.145

图2.146

34. 神仙一把抓

（1）腰微右转，左掌顺缠落于右膝上方，右掌变拳折臂护耳（图2.147）。

（2）松右胯屈膝蓄劲，右脚跟蹬地，身猛左转，重心迅速左移，右拳随转体向左前下方顺缠猛击，呼气发声。同时，左肘向左后方发力，与右拳形成对拉劲。发劲时做到劲起于脚、行于腿、主宰于腰，通过肩肘达于右拳，做到周身劲整，松活弹抖。定式时，沉肩塌腰，眼看右拳（图2.148）。

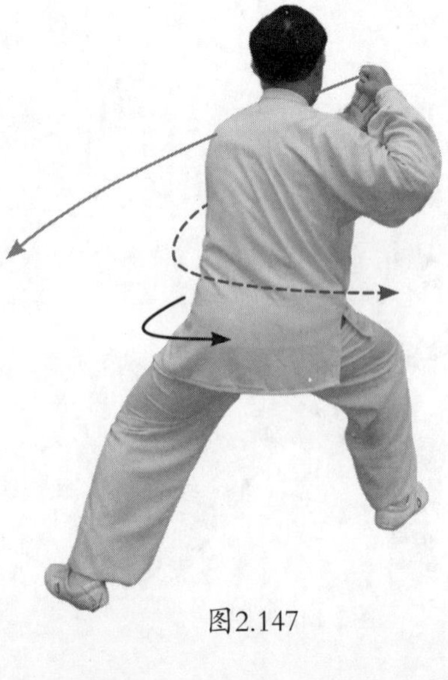

图2.147

图2.148

35. 踢二起

（1）左掌变拳，重心前移至左腿，右脚收至左脚左后方30厘米处，前脚掌点地（图2.149）。

（2）以左脚掌为轴，身体右转180度。右脚前脚掌随转体，向右划弧，置于左脚右前方30厘米处。同时，两拳随转体走上弧下沉至胸前20厘米处，左拳在上，右拳在下，松右胯，气沉丹田，二目平视（图2.150）。

（3）右脚向前上一小步，脚跟着地。两拳变掌，重心移于右腿，右掌落于右膝上方（图2.151）。

图2.149

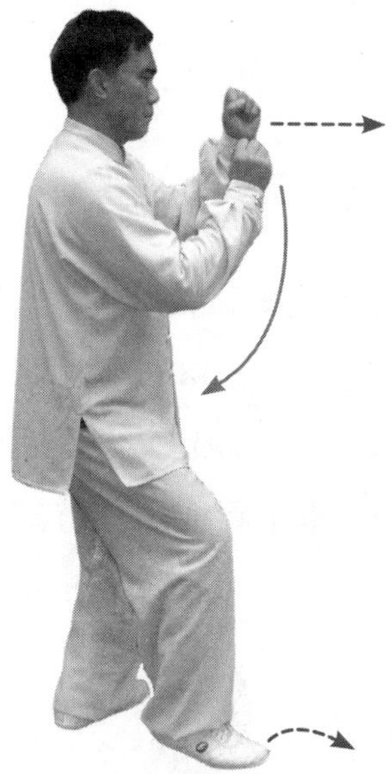

图2.150

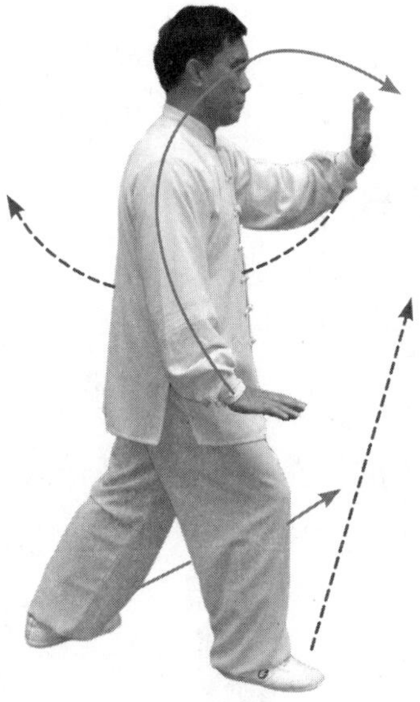

图2.151

（4）重心全部移于右腿，左脚向前提起，身体下沉蓄劲。右脚蹬地腾空跳起前踢，随起跳，右手向后、向上再向前抡一圈于空中击打右脚面。与右手相呼应，左手走下弧向后撩，掌心向后，高与肩平（图2.152）。

（5）左脚全脚先落地，右脚随即向左脚前方下落，脚跟着地，距离左脚一肩宽（图2.153）。

图2.152

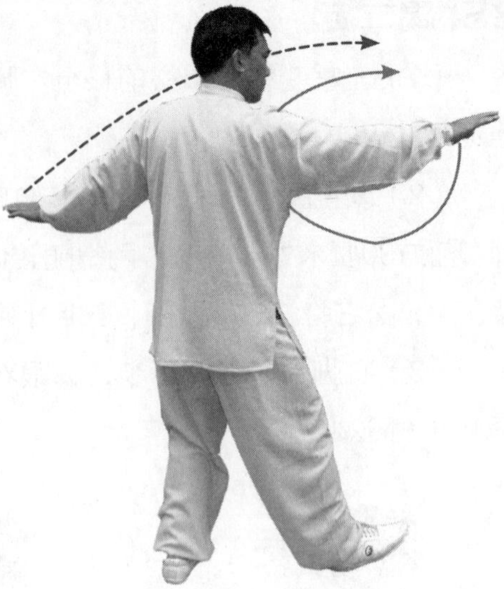

图2.153

36. 护心拳

（1）身体左转，右手逆缠走下弧接于左手。身体右转90度。随转体双掌左逆右顺翻掌走上弧线置于身体前上方（图2.154）。

（2）重心全部移于右腿，左腿提起，大腿抬平，脚踝放松（图2.155）。重心下沉，左脚向左平开一大步，脚跟着地。双掌左逆右顺稍向右上掤劲，四指向左（图2.156）。

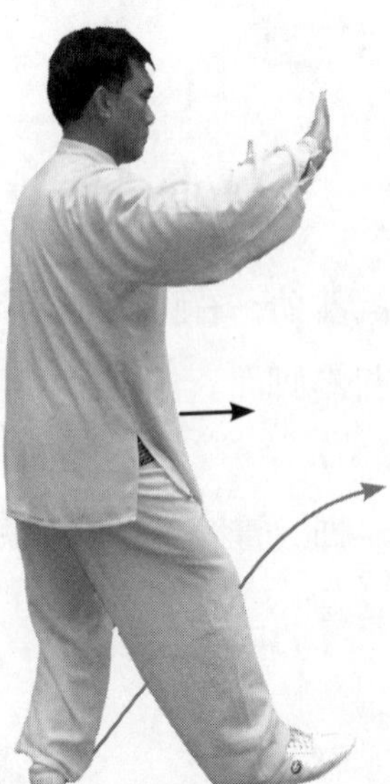

图2.154

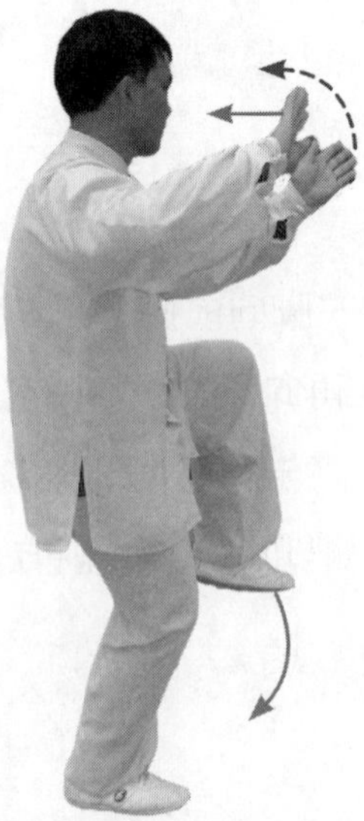

图2.155

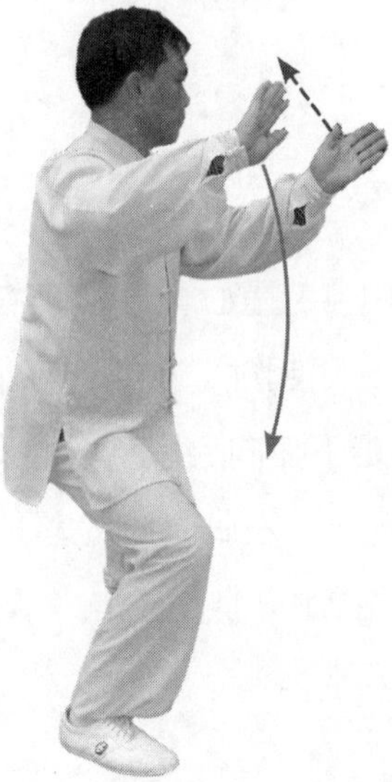

图2.156

（3）身体右转，左脚掌着地，双掌继续右掤。

（4）松右胯下沉，双掌左顺右逆下捋。走裆劲重心移于左腿，右脚跟步收于左脚旁，脚尖点地。同时，左掌顺缠上掤于左肩前，掌心向外，四指向右。右掌逆缠置于腹前，掌心向左（图2.157）。

图2.157

（5）提起右腿，大腿抬平，脚踝放松。重心下沉，右脚向右平开一大步，脚跟着地（图2.158）。

（6）松胯，向左转腰，右脚尖内扣着地，圆裆掤膝，两大腿外缠。两手随转体向左上方掤出，掌心向外，四指向前，高与肩平（图2.159及附图）。

（7）松左胯下沉，双掌左逆右顺下捋。身体右转，走裆劲重心移于右腿。随转体双掌经腹前捋至右膝上方（图2.160）。

图2.158

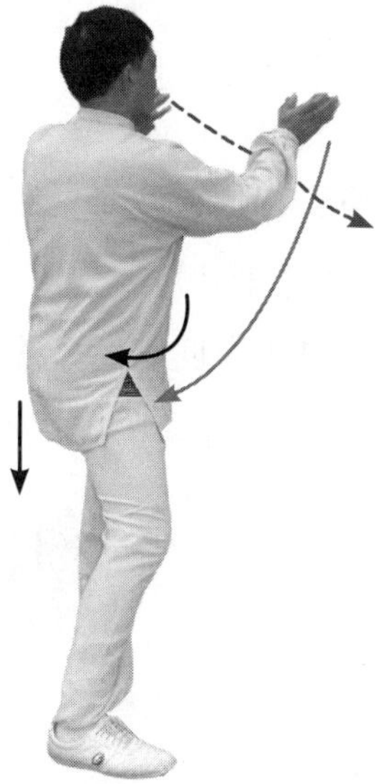
图2.159

图2.159附图

（8）右手向后向上举过头顶将身体领起，左手置于右腹部，目视右手，吸气。

（9）腰微右转，两掌变拳随身体下沉于胸前，右肘靠近右肋，拳心向外。沉肩垂肘，屈膝松胯，吸气，周身蓄劲（图2.161）。

（10）右脚跟蹬地，走裆劲重心迅速左移，腰向左猛转。随转体右臂向胸前逆缠发力击出，呼气发声。右拳拳心转向里，右腕与肩平。右前臂竖直置于胸前20厘米处。左拳随于右肘尖下，拳心向里（图2.162）。

图2.160

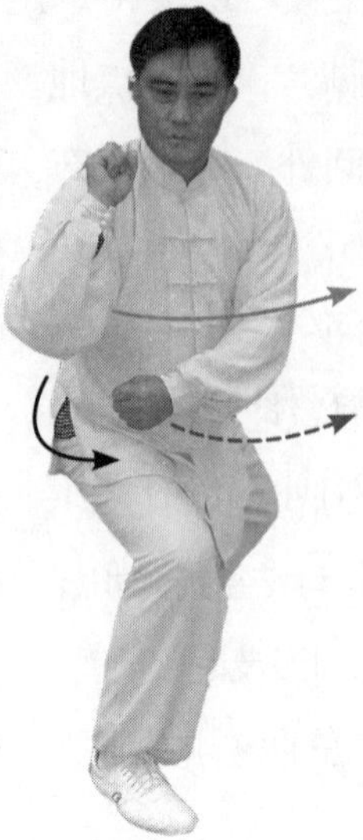

图2.161

图2.162

37. 旋风脚

（1）身体右转，重心移于右腿，两拳变掌，随转体向右上方掤出，掌心向外（图2.163）。

（2）松右胯下沉，两手左顺右逆下捋于右腰侧。身体左转，走裆劲重心左移。两掌分开，左手随转体

扫码即可观看相关视频

图2.163

图2.164

图2.164附图

置于左膝上方，掌心向下。右掌逆缠掌心向左（图2.164及附图）。

（3）重心移于左腿，右脚随重心移动先收至左脚旁，再以摆脚向前半步，脚跟落地脚尖翘起。左手顺缠向左向上划弧、右手逆缠向下向上划弧，两掌交叉相合于胸前（图2.165）。

（4）重心移于右腿，双掌交叉前推，与右膝相照（图2.166）。以右脚前脚掌为轴，身体猛向右旋转270度，带动左脚先向前上踢。同时，双掌左右分开，左掌在左脚向前上踢出时拍打左脚心，右掌向右展开，高与肩平（图2.167）。

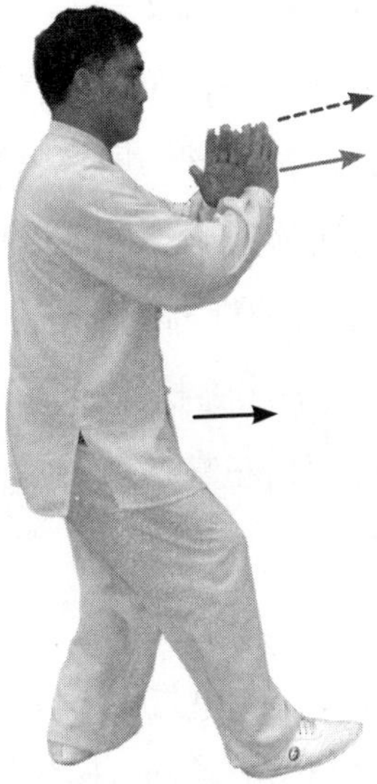

图2.165

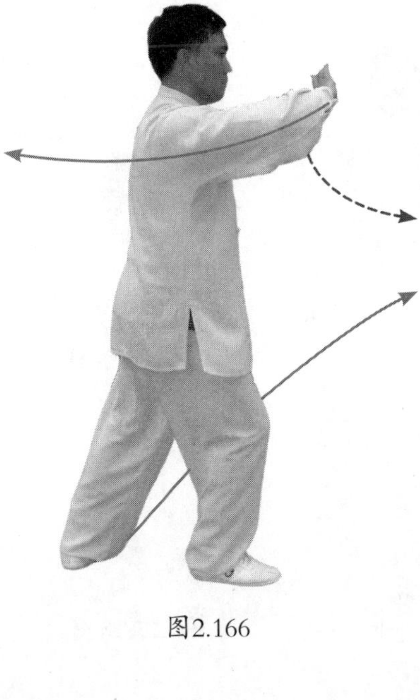

图2.166

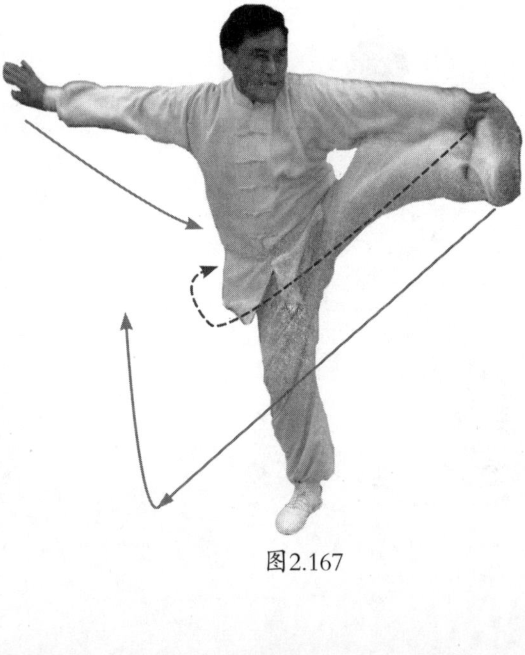

图2.167

38. 右蹬一跟

上动不停，左脚随身体旋转下落于右脚内侧，距离右脚一肩宽，脚尖点地。同时，两掌随转体置于身体左右两侧，两臂伸直，高与肩平，掌心向下。

（1）屈膝松胯下沉，两手下落交叉相合于腹前，左掌在外，双掌掌心向里。同时抬起左腿，大腿抬平，脚踝放松（图2.168及附图）。

（2）右腿屈膝下蹲，左脚向左开一大步。脚跟内侧着地（图2.169）。

图2.168

图2.168附图

（3）身体右转，左脚尖内扣着地。双手向右转至右膝上方。松胯下沉，身体左转，重心左移成马步，带动双掌划弧向上掤至头顶时，两掌左右分开，经左右两侧向下划弧下落交叉相合于腹前，左掌在外，双掌掌心向里。同时，重心移于左腿，右脚收于左脚内侧，脚尖点地（图2.170及附图）。

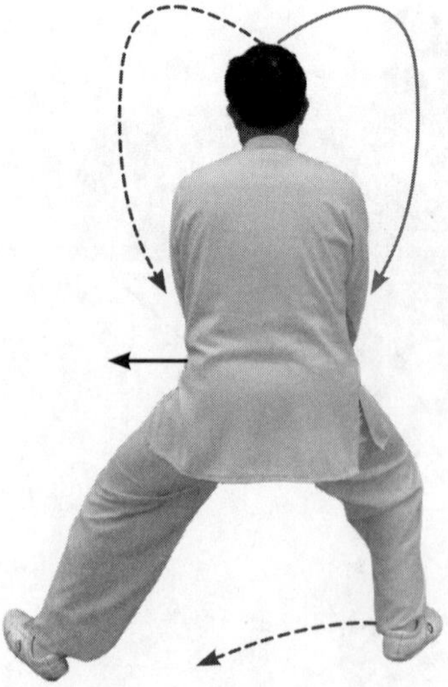

图2.169

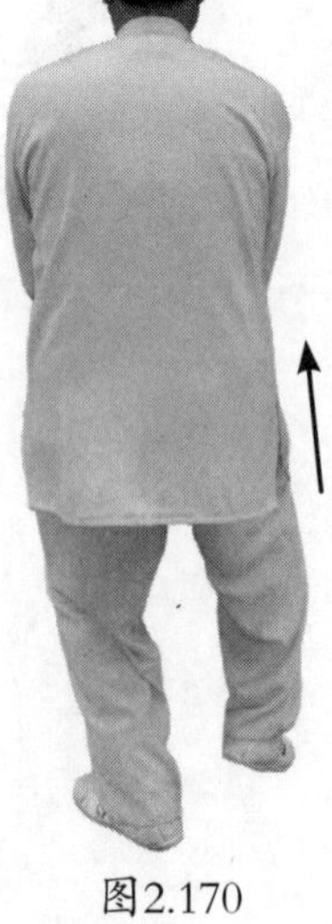

图2.170

图2.170附图

（4）上动不停，随即抬起右腿，大腿抬平，脚踝放松（图2.171）。

（5）重心稍下沉蓄劲，随即右脚跟用力向右蹬出，高与胯平。同时，两掌先上收于胸前再发力向身体两侧推出，掌心向外（图2.172）。

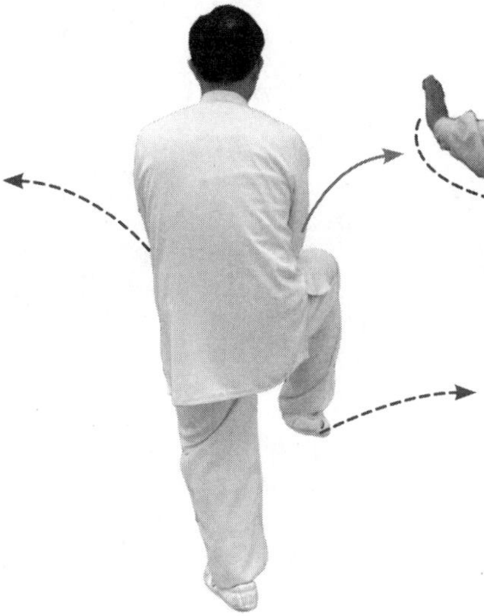
图2.171

图2.172

39. 掩手肱拳

（1）右小腿下落收回，大腿抬平，脚踝放松。以左脚掌为轴，身体右转90度，两掌变拳，随转体两前臂交叉相合于胸前，右臂在外，两拳心向里（图2.173）。

（2）身体稍下沉蓄劲，腰猛左旋，带动双肩、肘、拳向左上右下发力打出。左拳高与头平。右拳高与膝平，两拳心相对（图2.174）。

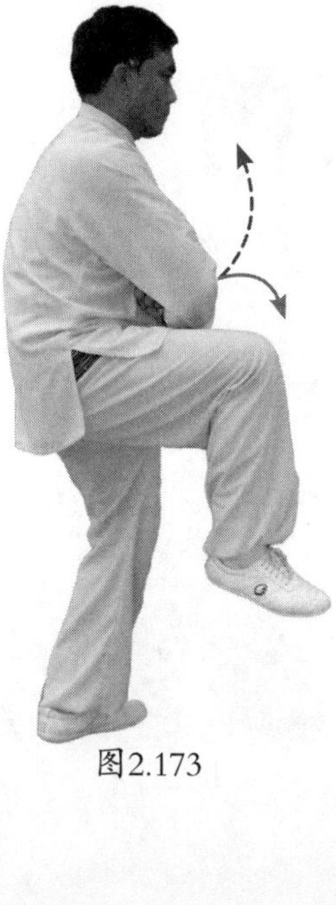
图2.173

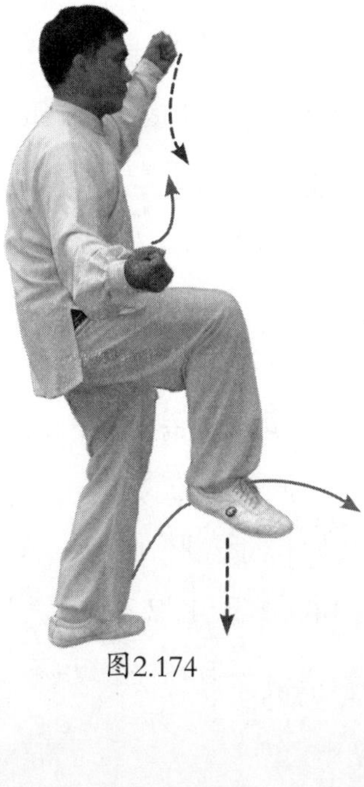
图2.174

（3）左脚蹬地跳起，右脚震脚落地。左脚随即向左开一大步，脚跟内侧着地，重心在右，两拳变掌，交叉相合于胸前，左掌在里，距离身体20厘米（图2.175）。

以下同“15. 掩手肱拳”（图2.176）。

图2.175

图2.176

40. 小擒打

（1）右拳变掌。走裆劲重心移于左腿。右脚走里弧向前摆脚上步，置于左脚右前方，脚跟着地。同时，左手顺缠走上弧、右手逆缠走下弧交叉相合与胸前（图2.177）。

（2）重心移于右腿，以右脚掌为轴，身体右转90度，提起左腿向前开一大步，脚跟内侧着地。两掌右上左下顺缠分开。右手置于右肩前方，掌心向外，左手置于左膝上方，掌心向下（图2.178）。

（3）身体右转，左手顺缠走上弧经胸前接于右手（图2.179）。

（4）松胯，身体微左转，重心移至左腿，双手先下捋再经腹前向左划弧，双掌位于左膝上方，掌心向下（图2.180）。

（5）上动不

图2.177

图2.178

停，身体右转，重心移至右腿，双掌左顺右逆向上划弧，随转体经额前转至身体右侧。松右胯下沉，重心下移，左掌落于右肩前成立掌，离身体30厘米。高与肩平，掌心向右。右手下落于右肋间，掌心向前下方（图2.181）。

（6）身体左转，走裆劲重心移于左腿。随转体左臂顺缠经胸前向左掤出，高与肩平，臂撑圆，掌心向右前方。同时，右掌随转体经胸前再由左腕下方向前推出，立掌，掌心向前，掌不过膝。左大腿外缠，松胯圆裆（图2.182）。

图2.179

图2.180

图2.181

图2.182

41. 抱头推山

（1）重心移于左腿，身体迅速右转180度，右脚虚步点于左脚旁。两掌变勾手随转体抱于胸前，掌心向内，拇指捏于食指中节，两臂掤圆（图2.183）。

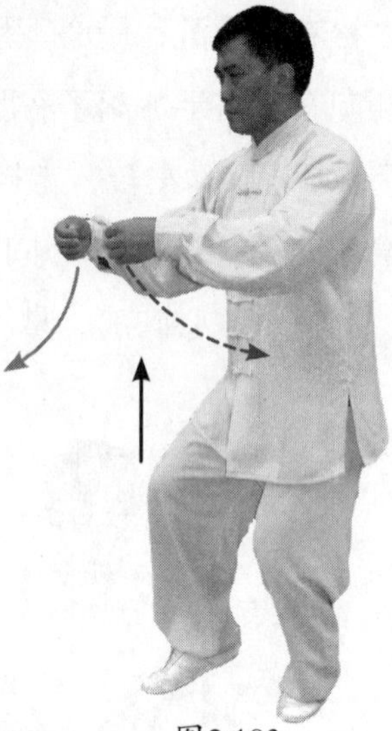
图2.183

（2）抬起右腿，大腿抬平，脚踝放松，两臂左右拉开（图2.184）。

（3）以左脚掌为轴，身体左转，右脚向右开一大步，脚跟着地。两手变掌随转体左上右下拉开。左掌高与左肩平，右掌置于右膝上方，两掌心相呼应（图2.185）。

（4）身体左转90度，胸腹中线与左膝相照，右脚尖内扣着地，两手随转体顺缠抱于两耳旁（图2.186）。

（5）松左胯下沉，身体右转180度。走裆劲重心移至右腿，两掌随转体经胸前向右前方推出，高与胸平，右手稍高于左手，掌心向外。呼气，两大腿外缠，松胯扣裆，气沉丹田（图2.187）。

图2.184

图2.185

图2.186

图2.187

42. 六封四闭

（1）松右胯，重心下沉，双手顺缠下捋。腰左转，走裆劲，带动重心左移（图2.188）。

（2）与“5. 六封四闭（3）~（5）”相同（图2.189）。

图2.188

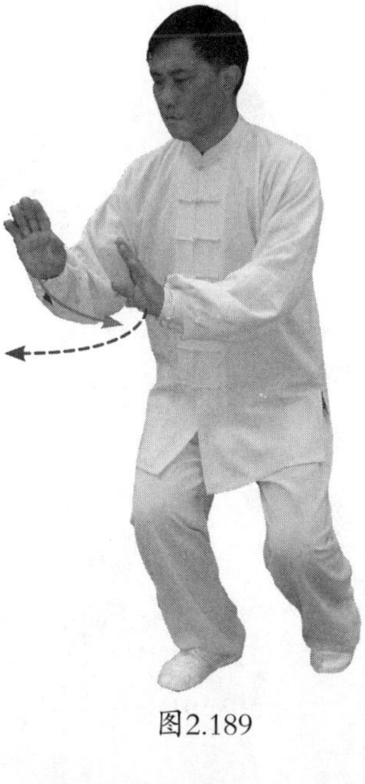
图2.189

43. 单鞭

与“6. 单鞭”相同（图2.190）。

44. 前招

图2.190

（1）右手变掌。松胯塌裆下沉。身体左转，重心移至左腿，右手走下弧向左逆缠接于左手（图2.191）。

（2）上动不停，身体右转，重心移至右腿。右手变顺缠走上弧随转体向右掤至右肩上方，掌心向外。同时，左手顺缠下落至右膝上方（图2.192）。

（3）两臂姿势保持不变，身体继续右转，重心完全移至右腿。提起左腿，走里弧向左前方上一大步，脚跟内侧着地（图2.193及附图）。

（4）身体微右转，左脚尖内扣着地。松右胯下沉，身体左转，重心移于左腿，提起右腿，走里弧向左脚前方点地成虚步。左掌顺缠随转体上掤至右肩上方，

图2.191

图2.192

掌心向外，右掌顺缠下落至右胯后方（图2.194及附图）。

（5）身体猛左转，带动双掌向左发力。左掌高与肩平，掌心向外，四指向右，臂撑圆。右掌置于右膝上方，掌心向左，四指向下（图2.195）。

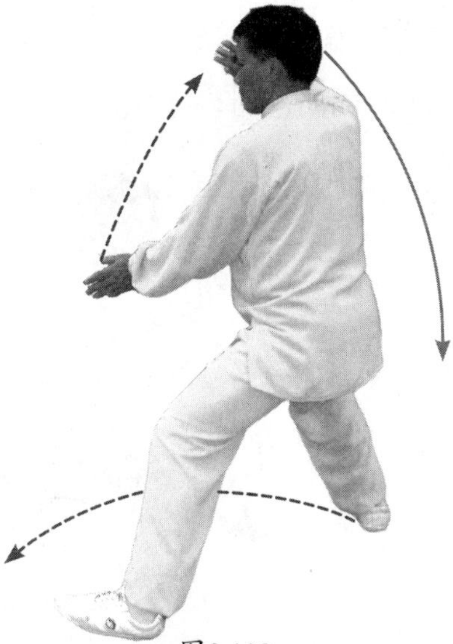
图2.193

图2.193附图

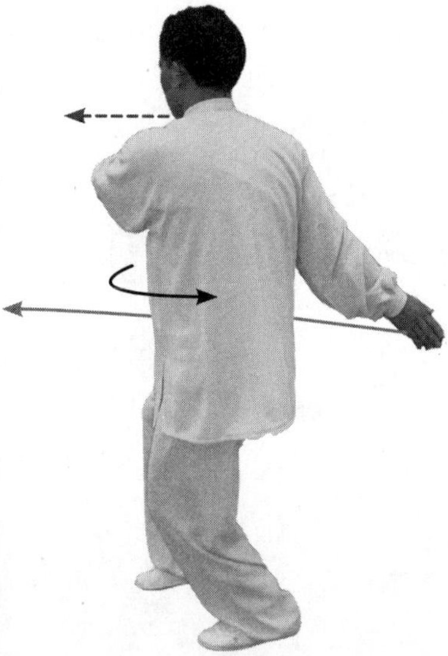
图2.194

图2.194附图

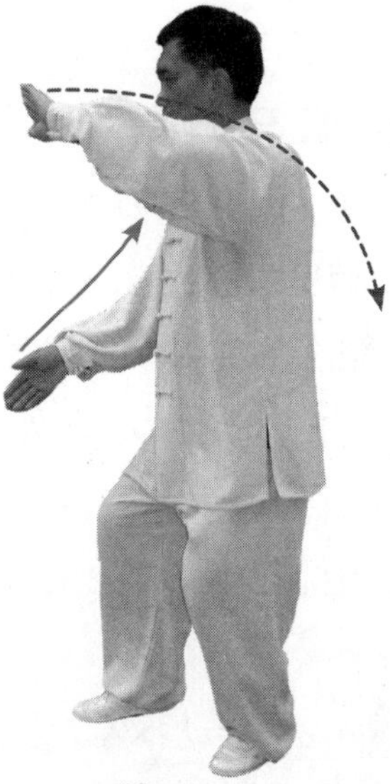
图2.195

45. 后招

（1）身体左转，两掌随转体上掤于左肩上方。随即向左后划弧，松胯下沉，右掌逆缠落于左肩前上方，掌心向外，四指向左，臂撑圆。左掌顺缠下落至左胯后方（图2.196）。

（2）身体猛右转，带动双掌向右发力。右掌高与肩平，掌心向外，四指向左，臂撑圆。左掌置于小腹前，掌心向左，四指向下（图2.197）。

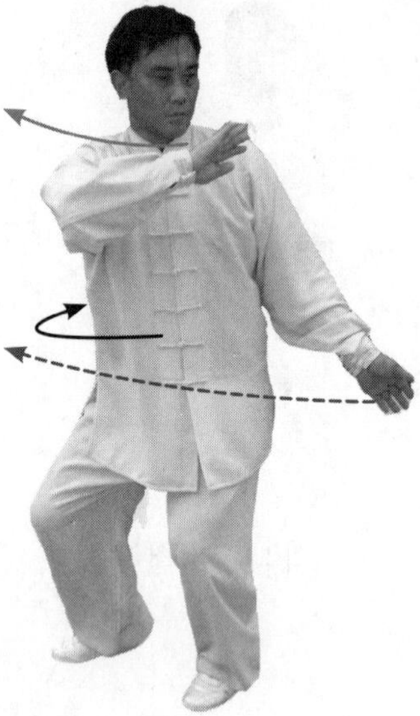
图2.196

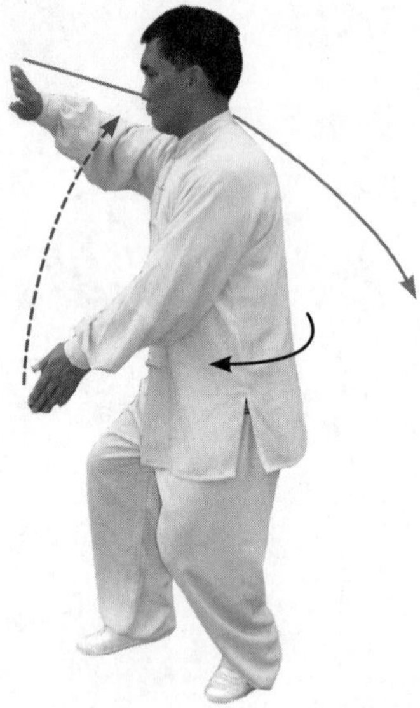
图2.197

46. 野马分鬃

（1）两臂姿势保持不变，随身体右后转，当左掌转至右膝上方时，左掌顺缠上掤于右肩上方，掌心向外，四指向右。右掌逆缠落于右胯旁，掌心向外（图2.198及附图）。

（2）上动不停，身体左转90 度，重心移至左腿，提

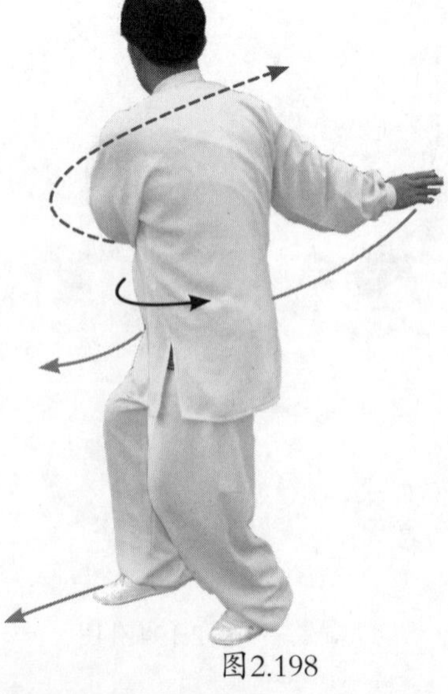
图2.198

图2.198附图

起右腿向前开一大步，脚跟着地。随转体，左掌上掤至左肩上方，掌心向外，四指向右，臂撑圆。右掌落于右膝，掌心向外（图2.199）。

（3）松左胯，身体左转，右脚尖内扣着地。右手走下弧线先向左捋至左膝上方，掌心向上。左掌向左展开，掌心向下（图2.200）。

图2.199

图2.200

（4）身体稍右转，重心移于右腿，随即以右脚掌为轴身体再右转180度，提起左腿向前上一大步，左脚跟着地。随转体，右臂右转掤至右前上方，高与额平，掌心向外，四指向左；左手随转体下按至左膝外侧，掌心向前，形成右手护头，左手护膝之势（图2.201）。

（5）身体右转，左脚尖内扣着地。左手走下弧线先向右捋，再顺缠翻掌上掤至右肩前上方，同时，右手逆缠下落向右展开，双掌心向外（图2.202）。

图2.201

（6）身体左转，重心移于左腿。双手随转体向左掤至左肩前上方，高与额平，掌心向前上方（图2.203）。

图2.202

图2.203

（7）松左胯下沉走裆劲，重心移于右腿。腰右转，带动双掌先向下再经腹前右捋，左手捋至右腹前，右手捋至身体右侧，高与右胯平，掌心向右下，四指向左前。重心右移时，裆劲下足（图2.204及附图）。

（8）身体微右转再左转，两手左顺右逆先向右再走上弧掤至头顶，右腿蹬地起身。左脚尖外摆身体左转180度，重心移于左腿，提起右腿向前上一大步，右脚跟着地。随转体，左手下捋至左膝左上方，右手落于右膝上方（图2.205）。

图2.204

图2.204附图

图2.205

47. 六封四闭

（1）腰左转，右脚尖着地，走裆劲，带动重心稍左移，双掌继续左捋（图2.206）。

（2）同“5. 六封四闭（3）~（5）”（图2.207）。

图2.206

图2.207

48. 单鞭

同“6. 单鞭”（图2.208）。

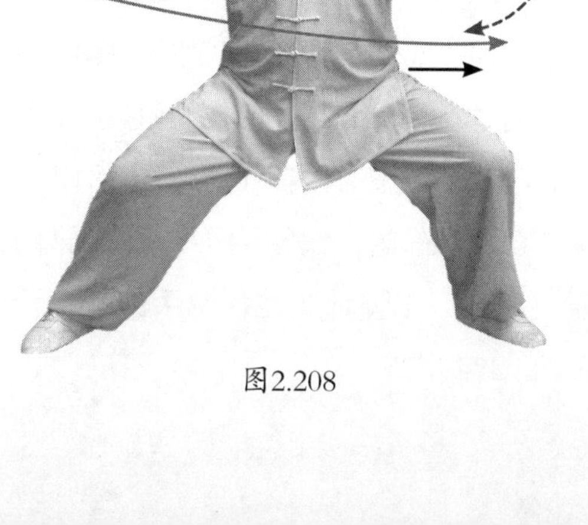

图2.208

49. 玉女穿梭

（1）身体左转，右手变掌走下弧线后与左手交叉相合于胸前（图2.209）。

（2）身体右转90度，重心完全移至左腿。右脚收回，点于左脚右前方。同时，两臂走上弧线随转体交叉相合，高与肩平（图2.210）。

图2.209

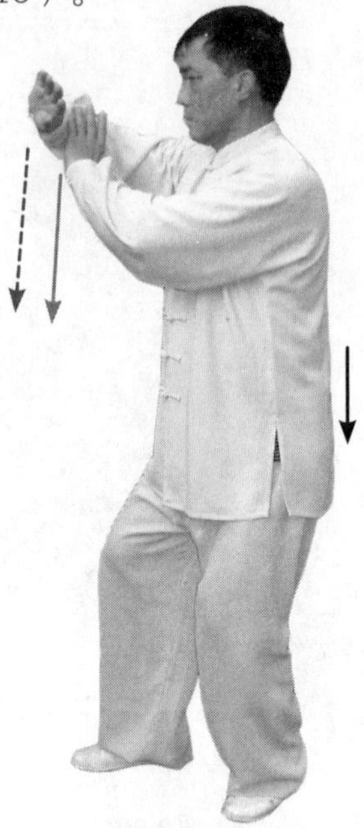

图2.210

（3）松肩松胯，呼气下沉，两手分开下按，高与腰平，掌心向下，右手在前，左手置于右腕部（图2.211）。

（4）身体下沉蓄劲，左脚蹬地，吸气，两脚同时跳起，两掌顺缠翻掌向上掤起，高与额平（图2.212）。

（5）呼气，左脚在先右脚在后双震脚落地。随身体下落，两掌速变逆缠翻掌发力向下按，高与腰平。重心仍在左腿（图2.213）。

（6）抬右腿，大腿抬平，脚踝放松，左腿屈蓄有余，左脚趾抓地，两手交叉相合于胸前（图2.214）。

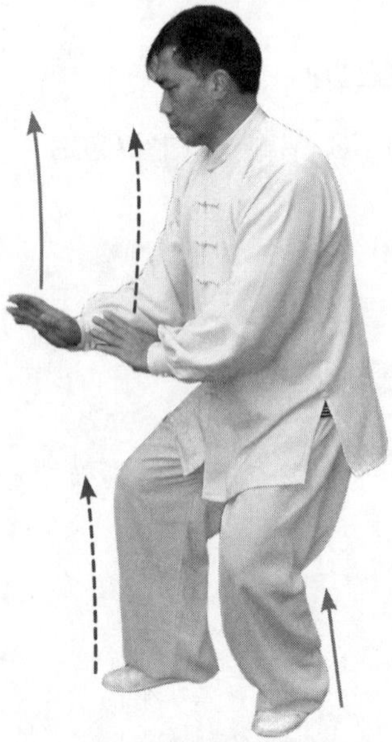

图2.211

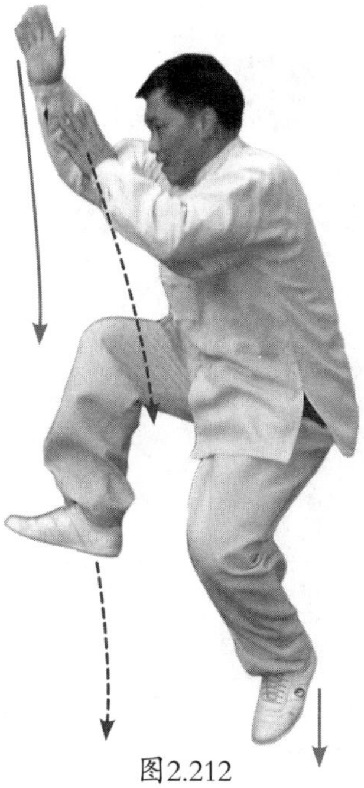
图2.212

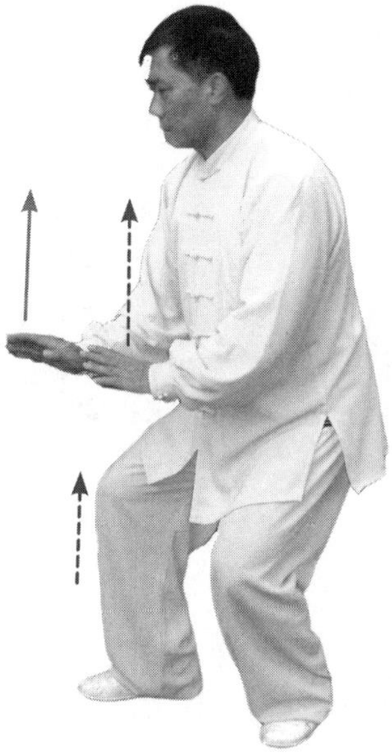
图2.213

图2.214

（7）腰猛左旋，催动右脚以脚跟领劲向前发力蹬出，脚尖向上。随蹬脚，右掌以掌根领劲，向前猛推出，掌心向前，四指向上。同时，左肘发力后击（图2.215）。发力时要以腰带肩、以肩带肘、以肘带手，脚、掌、肘瞬间同时动作，松活弹抖。

（8）右脚落地，重心前移于右腿，左脚向前上半步，脚跟着地。左手随重心前移向后向上经头顶向前划弧，与右手交叉相合于胸前，左手在上，高与肩平（图2.216）。

（9）重心移向左脚，右脚随即向左脚后偷步，右脚掌着地，脚跟提起，右膝顶住左腿弯。同时，右手向右肩上方推出，掌心向外，左手向前发力横掌推出，高与胸平，掌心向前，目视左掌（图2.217）。

图2.215

图2.216

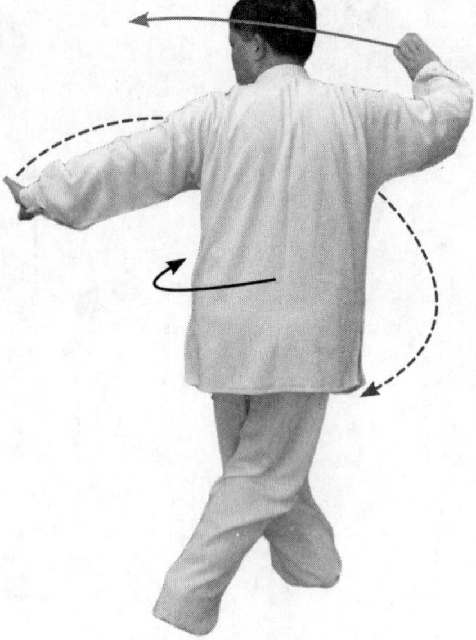

图2.217

（10）重心下沉，左手逆缠旋掌使掌心向外。以左脚跟和右脚掌为轴向右转体180度，随转体，右手划弧掤于右肩上方，高与额平，掌心向右。左手划弧置于左下方，高与胯平，掌心向外（图2.218）。

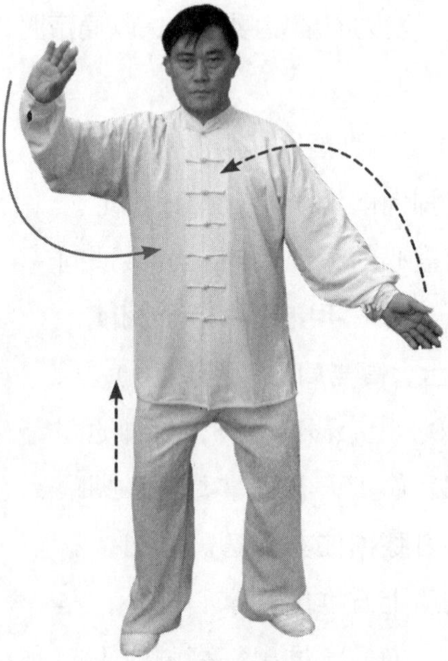

图2.218

50. 懒扎衣

（1）重心左移，同时抬起右腿。左手逆缠上行，右手逆缠下落，两手交叉于胸前，右手横掌在下，掌心向左。左手立掌置于右手腕部（图2.219）。

（2）同“4. 懒扎衣（4）~（8）”（图2.220）。

图2.219

图2.220

51. 六封四闭

同“5. 六封四闭”（图2.221）。

图2.221

52. 单鞭

同“6. 单鞭”（图2.222）。

53. 云手

同“28. 云手”（图2.223）。

图2.222

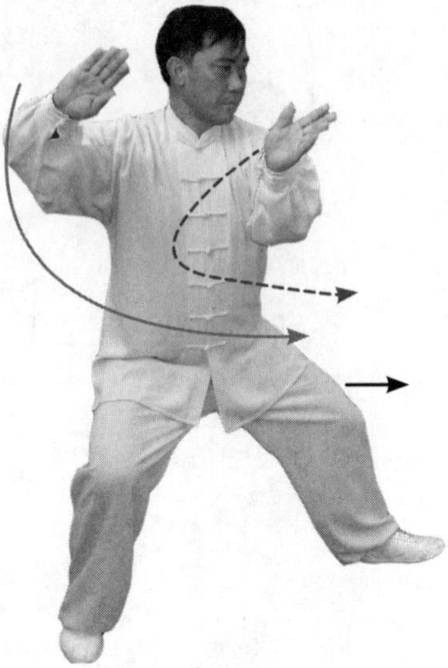

图2.223

54. 摆脚跌叉

（1）身体右转，左脚尖内扣着地。松右胯下沉，两手划弧下捋。身体左转，走裆劲重心左移。两手随转体继续左捋至左膝上方（图2.224）。

图2.224

（2）上动不停，双手先左逆右顺上掤至头顶，再呼气，重心下沉，裆开圆，两腿外缠，重心在左。双手重心下沉而下落，高与肩平，掌心向外，四指向左，目视手指方向（图2.225）。

（3）重心全部移于左腿，右脚收于左脚心内侧，脚尖点地。同时，身微右转，带动双掌向右后掤。左手置于胸前中线，与右膝相合。右手向右后展开（图2.226）。

图2.225

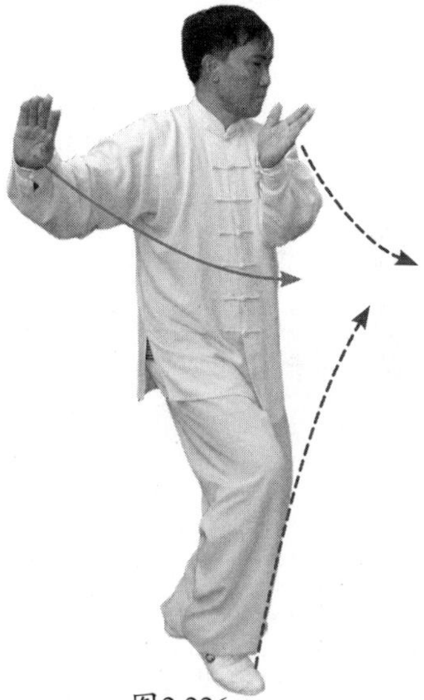
图2.226

（4）右脚前踢右摆，双掌同时向左击打右脚面（图2.227）。

（5）右腿收回，大腿抬平，双掌变拳，左上右下分开，拳心相对，左腿屈膝下沉，脚趾扒地（图2.228）。

（6）呼气，重心稍右移，右脚震脚落地，与左脚呈丁字形。左臂下砸与右臂交叉相合置于左胸前，与左膝相照。左臂在上，拳心向下（图2.229）。

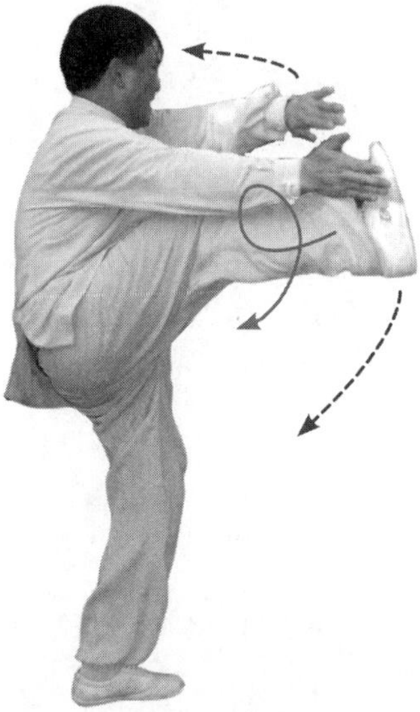
图2.227

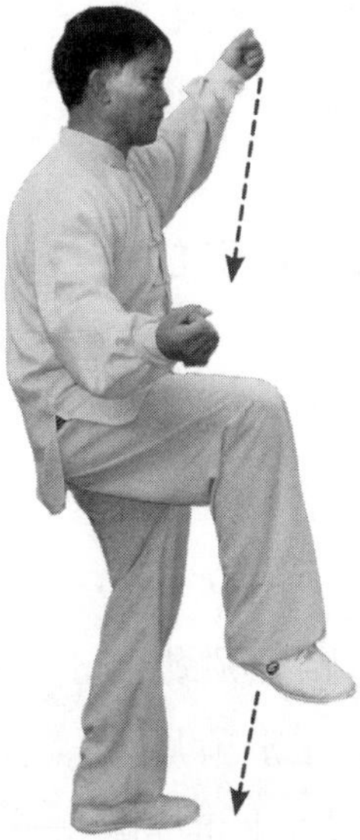
图2.228

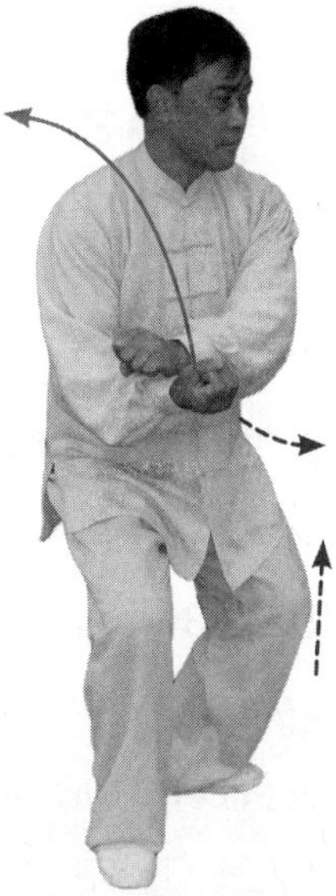
图2.229

（7）提起左腿，大腿抬平，脚踝放松。同时，两拳右上左下拉开。右拳高与头平，拳心向左。左拳收于左腰侧，拳心向上（图2.230）。

（8）身体下沉，右腿屈膝下蹲，臀部离地30厘米。开左步，前脚掌着地向前仆步，膝外掤。左拳顺势前出，置于左膝前上方，拳心稍向里，与右拳相呼应（图2.231）。

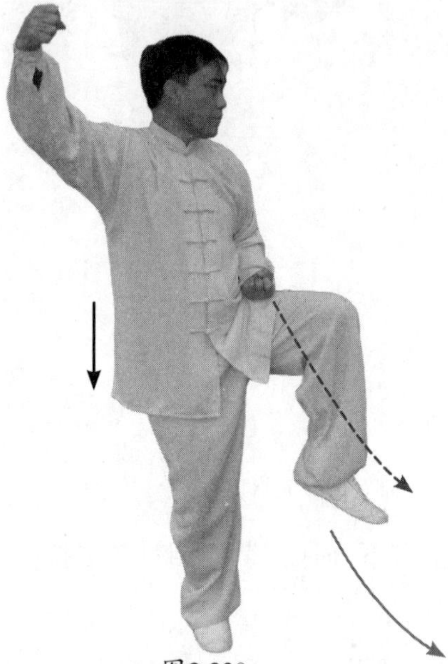

图2.230

图2.231

55. 金鸡独立

（1）走裆劲，重心前移，腰微左转，变左弓步。右拳下落至右膝上方（图2.232）。

（2）上右步，右脚置于左脚心内侧，脚尖点地。右拳随上步前移，与左拳分别置于右膝上方两侧，拳心向上，高与腰平。屈膝松胯，内气下沉，目视前方（图2.233）。

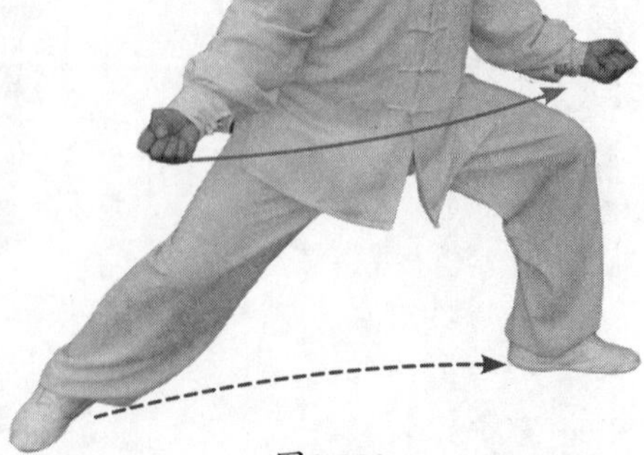

图2.232

（3）两拳变掌，右掌顺缠领劲上举，高过头顶，掌心向上。左掌顺缠下按，置于左腿外侧，掌心向下，四指向前（两掌也可上下打发劲）。同时，抬起右腿，大腿抬平（图2.234）。

（4）重心下沉，右脚震脚落地，同时，两掌发力下按（图2.235）。

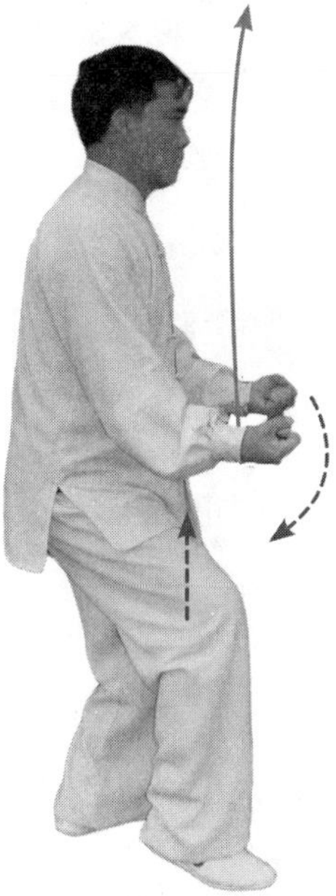
图2.233

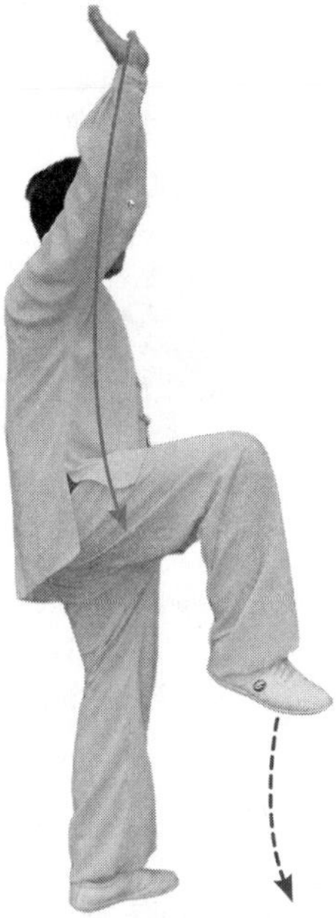
图2.234

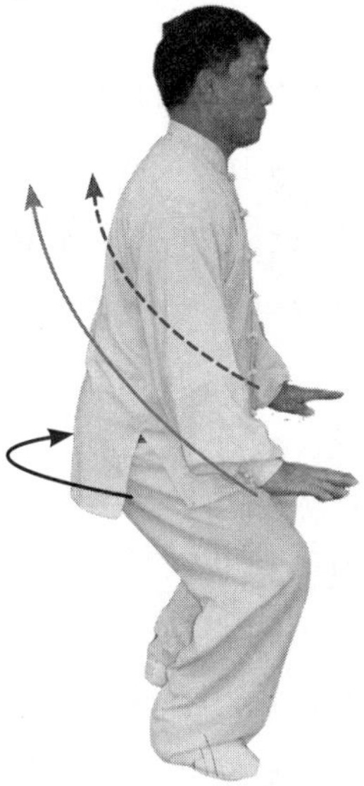
图2.235

（5）身体右转90度，两掌随转体向右后划弧。随即松右胯下沉，右掌逆缠向上，左掌顺缠相随摆在右肩上，右掌在上，掌心向前，左掌在下，掌心向外（图2.236）。

（6）重心左移，身体迅速左转，同时，右脚速向右后撤步蹬地，双掌借右脚蹬劲顺缠向前发力弹抖推出，呼气发声，双掌高与肩平，掌心向外（图2.237）。

（7）重心后移于右腿，左脚收于

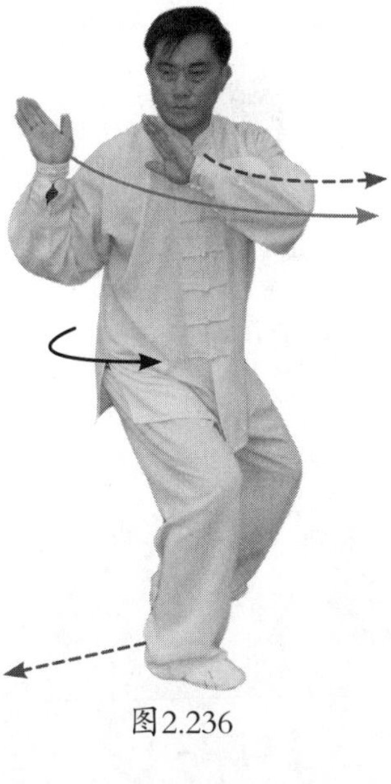
图2.236

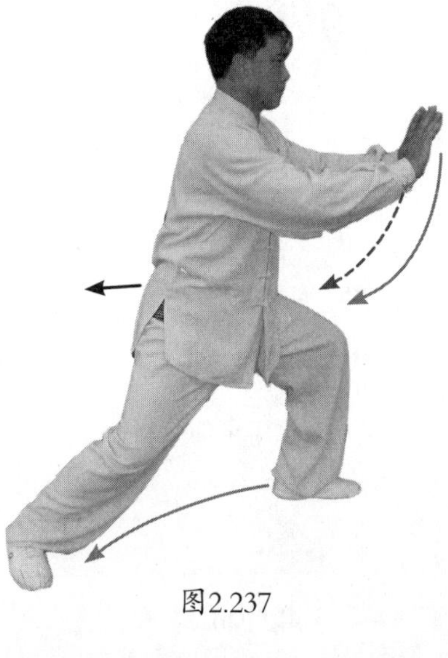
图2.237

右脚左前方，脚尖点地，两手顺势下捋置于小腹前，掌心向下（图2.238）。

（8）抬起左腿，大腿抬平。双手逆缠翻掌，掌心向上。左掌顺缠翻掌领劲上举，高过头顶，掌心向上。右掌顺缠翻掌下按，置于右腿外侧，掌心向下，四指向前（两掌也可上下打发劲）（图2.239）。

图2.238

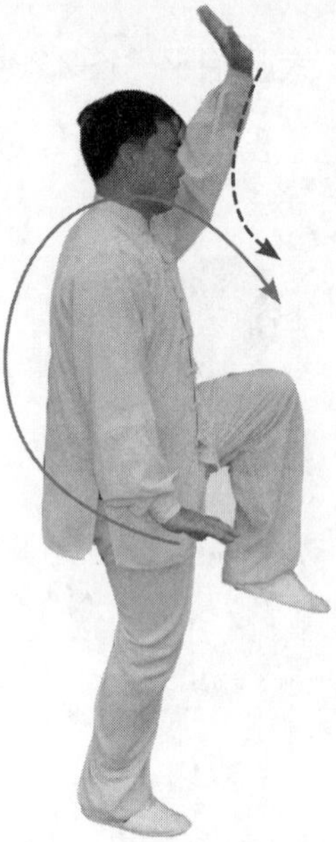
图2.239

56. 倒卷肱

（1）屈膝松胯下沉，身体微右转，右手先向后展开。身体左转，左手划弧顺缠下落于胸前。右手顺缠向上经头顶划弧与左手交叉相合，右掌在上，高与肩平（图2.240）。

（2）重心下沉，左脚向左后退一大步。重心左移，身体微左转，带动两手左下右上顺缠拉开，右掌高与眼平，掌心向外，左掌置于左膝上方，掌心向下，塌腰松胯（图2.241及附图）。

图2.240

图2.241

图2.241附图

以下同“21. 倒卷肱（3）~（8）”。

57. 白鹤亮翅

同“22. 白鹤亮翅”（图2.242）。

58. 斜行

同“9. 斜行”（图2.243）。

59. 闪通背

同“24. 闪通背”（图2.244）。

60. 掩手肱拳

同“25.掩手肱拳”（图2.245）。

61. 六封四闭

同“26. 六封四闭”（图2.246）。

62. 单鞭

同“27. 单鞭”（图2.247）。

63. 云手

同“28. 云手”（图2.248）。

64. 高探马

同“29. 高探马”（图2.249）。

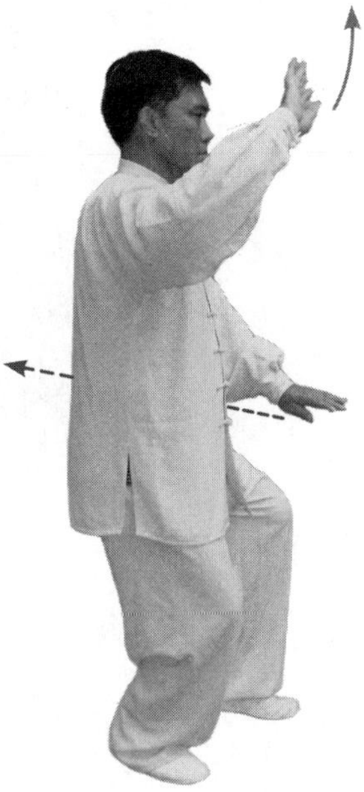

图2.242

图2.243

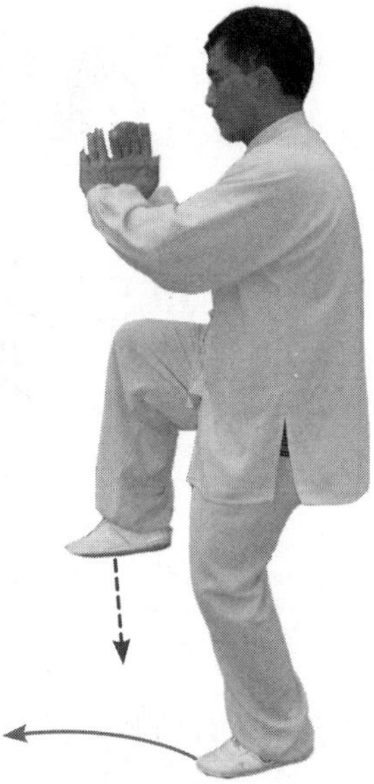

图2.244

图2.245

图2.246

图2.247

图2.248

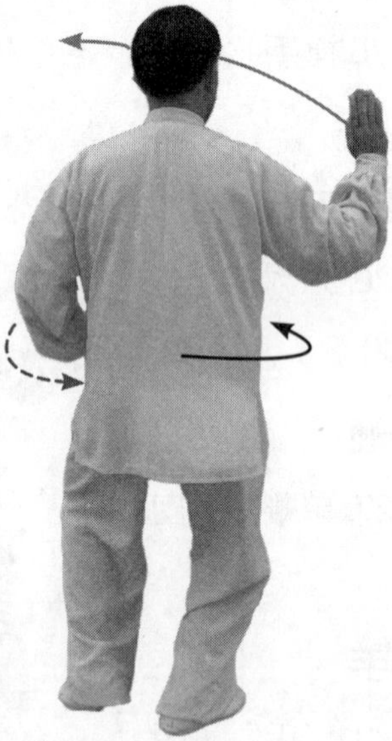
图2.249

65. 十字脚

（1）右手上领至头顶，身体左转，左掌顺缠下落至左腿外侧，掌心向下（图2.250）。

（2）上动不停，屈膝松胯下沉，身体右转90度，重心后移至左腿，右脚尖翘起。随转体，右手逆缠向左向下向右划弧，经腹前转至右腿外侧，掌心向下，四指向前。同时，左手向后向上顺缠划弧置于左肩上方再经耳旁向前推出，离胸前40厘米，高与肩平，掌心向前，四指向上，松肩沉肘，气沉丹田，目视前方（图2.251）。

（3）走裆劲，重心移于右腿。抬起左腿，以右脚掌为轴身体右转90度，左脚向左前方开一大步，脚跟内侧着地。同时，左掌转向胸前方，掌心向外。右掌转至右膝上方，掌心向下。重心在右，圆裆沉劲，两大腿外缠（图2.252）。

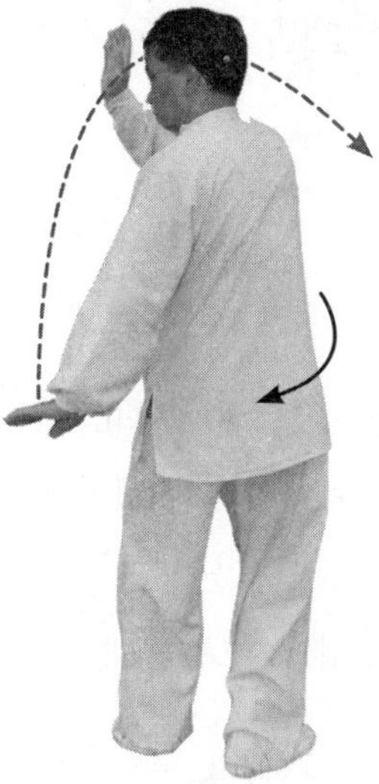

图2.250

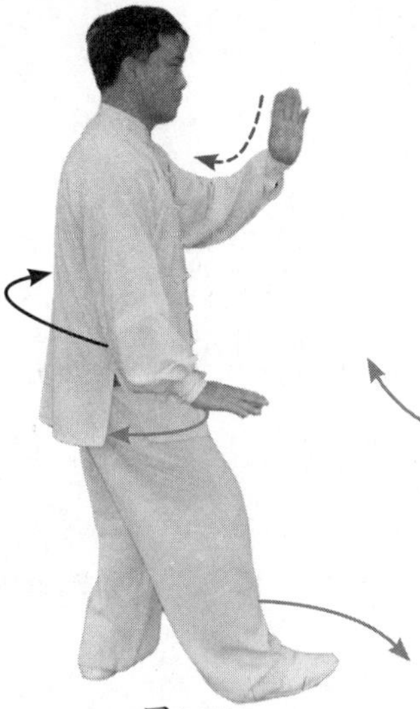

图2.251

图2.252

（4）身体右转，左脚尖内扣着地。松右胯，右手逆缠向上，左手顺缠向下，掌心向外（图2.253）。

（5）重心下沉，身体左转，走裆劲重心移于左腿。双手随转体左捋至左膝上方（图2.254）。

（6）身体继续左转，双手稍向左后捋，随即左手顺缠上领举起，左肘高与头平，左掌心向外，右掌置于左胸前，掌心向左（图2.255）。

图2.253

图2.254

图2.255

（7）两手同时握拳，呼气，身体重心下沉，同时两大腿外缠，裆劲扣圆，开中寓合。随重心下沉，左臂坠肘下落，肘尖高与胸平，拳心向里。右拳拳眼向上，置于左肘内侧（图2.256）。

（8）重心移于左腿，收右步，右脚尖点于左脚跟内侧，右拳抱肋（图2.257）。

（9）右脚前踢与胸平，随即右摆。左拳变掌下落击打右脚面（图2.258）。

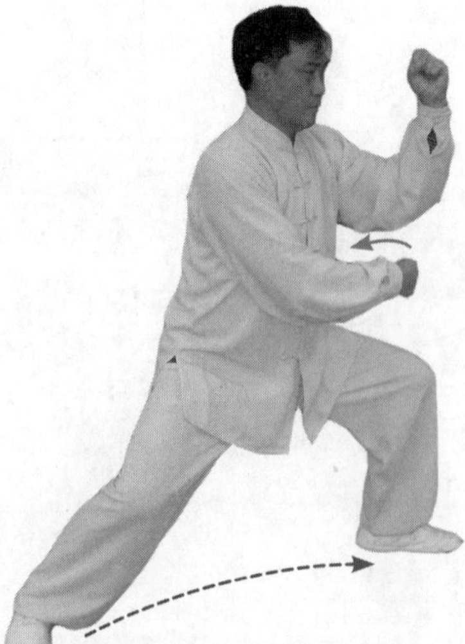
图2.256

图2.257

图2.258

66. 指裆捶

（1）上动不停，以左脚跟为轴迅速向右转体90度，右腿收回，大腿抬平，脚尖放松。同时，左掌变拳收于右肘下方。两小臂交叉相合裹于腹前，左臂在外，两拳心向里（图2.259）。

（2）身微右转，重心稍下沉蓄劲。抖腰，左拳向左上、右拳向外发力击出。左拳高与头平，右拳高与肋平，两拳心相呼应。发劲时呼气发声（图2.260）。

（3）左脚蹬地跳起，右脚震脚落地，左脚随向左前方开一大步，脚跟内侧着地。双拳变掌交叉相合于胸前，左手在里（图2.261）。

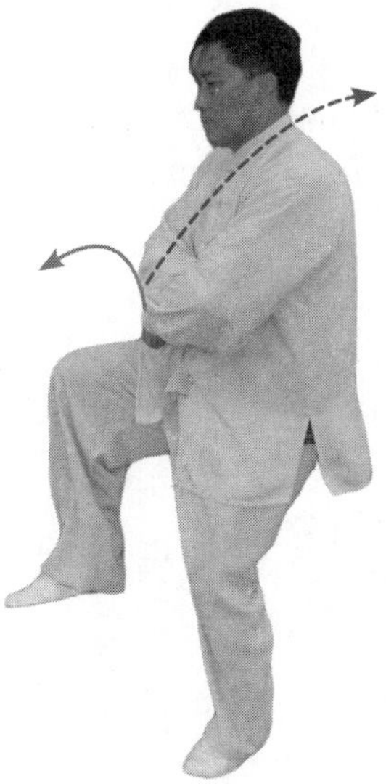

图2.259

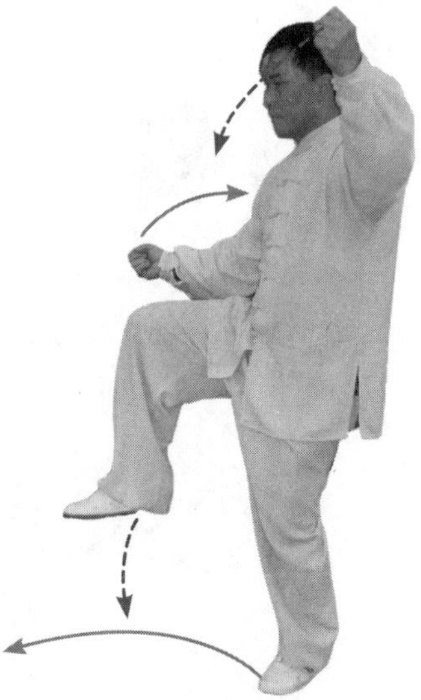

图2.260

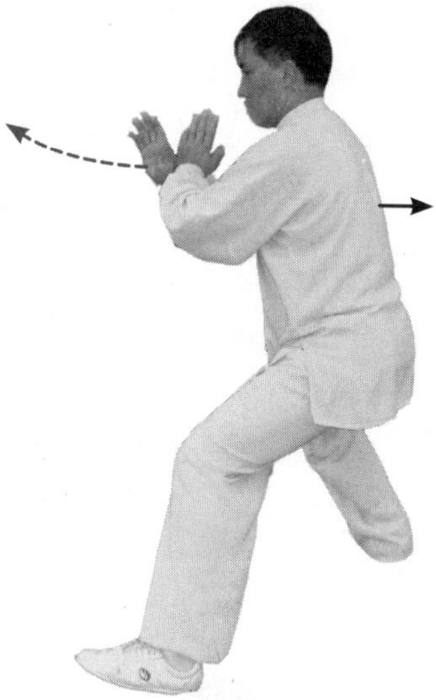

图2.261

（4）重心下沉，身体微左转，重心移于左腿。同时，两掌顺缠左右拉开置于身体两侧，高与腰平，掌心向外（图2.262及附图）。

（5）身体右转，重心下沉。左手逆缠向上划弧至身体前方，高与肩平，掌心向里对准胸腹中线。右手变拳逆缠划弧收于胸前，拳心向上（图2.263及附图）。

（6）左脚蹬地，身体猛左转，重心速右移，带动右拳顺缠向右膝内侧发力打出，拳心向里。同时，左肘后击与右拳形成对拉劲，左掌置于左腰侧，掌心向上，发劲时呼气发声，松活弹抖（图2.264及附图）。

图2.262

图2.262附图

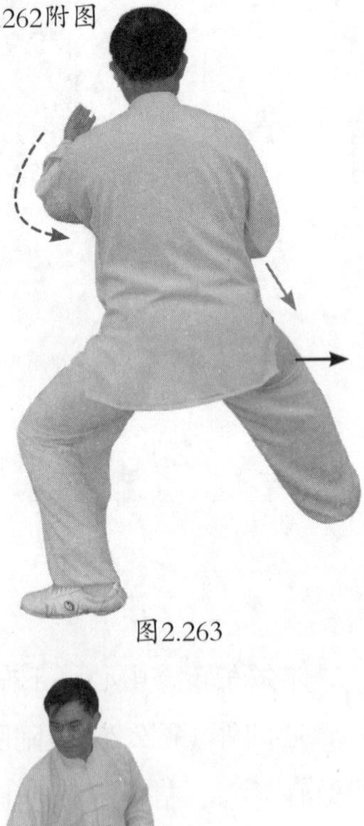
图2.263

图2.263附图

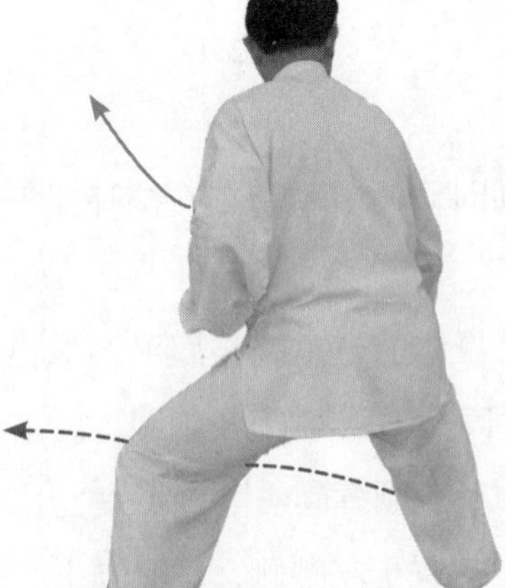
图2.264

图2.264附图

67. 猿猴献果

（1）松右胯下沉，身体先右转再左转90度，右拳在右膝前方划弧并随转体顺缠向上以勾拳挑起，拳高与鼻平，拳心向里，拳面向上。同时提起右腿，大腿抬平，脚踝放松（图2.265）。

（2）右拳变掌，以左脚掌为轴，身体左转90度，右脚向前开一大步，脚跟着地，脚尖翘起。同时，两手左上右下拉开，左手高与鼻平，右手置于右膝上方，两掌心相对（图2.266）。

图2.265

图2.266

（3）身体左转90度，右脚尖内扣着地，胸腹中线与左膝照齐。两手随转体顺缠置于两耳下方，成抱头式（图2.267）。

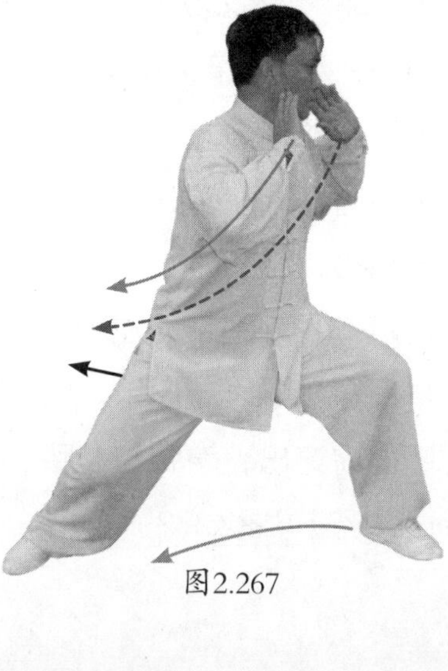

图2.267

（4）身体右转，重心移于右腿，左脚跟步虚步置于右脚旁。呼气，两掌向胸前按出（图2.268）。

68. 单鞭

与“6. 单鞭”相同（图2.269）。

图2.268

图2.269

69. 雀地龙

（1）两掌变拳。身体右转，右拳走下弧顺缠与左拳相合交叉于胸前，左拳在上，拳心向下（图2.270）。

（2）身体微右转，重心右移。左拳逆缠向下、右拳顺缠向上拉开，高与头平，拳心向左。左拳贴于左胯弯，拳心向上（图2.271）。

（3）重心下沉坐于右腿，左脚向前滑步变仆步，臀部离地30厘米。同时左拳顺左腿向前穿出，拳腕与左膝相合。两拳心相呼应（图2.272）。

图2.270

图2.271

图2.272

70. 上步七星

（1）走裆劲重心完全移于左腿成左弓步，同时，右拳下落至右膝上方。两拳心向上（图2.273）。

（2）身体左转，重心完全移于左腿。右脚上步变虚步，脚尖点于左脚右前方。随上步左拳上冲，高与鼻平，拳心向里。右拳随重心前移置于右胯旁，拳心向上。腰先左旋再右旋，带动右拳向前向上再向里划弧收于胸前，左拳随动向里经胸前向下向前划弧，与右拳交叉相合于胸前，左拳在外，拳心向右（图2.274）。

图2.273

图2.274

（3）两拳变掌，向前向下划弧逆缠收于腰间，右掌在外，掌心向里。同时，丹田后转收腹，重心稍向后坐蓄劲。丹田内转，向上向前抖劲发出。同时，带动胸腰折叠，两掌随丹田劲经胸部逆缠向前弹抖发出，呼气发声。发劲过程中，右掌翻转在里，发劲后，两小臂交叉相合于胸前，右小臂在里，双掌心向外，丹田劲随即下沉（图2.275）。

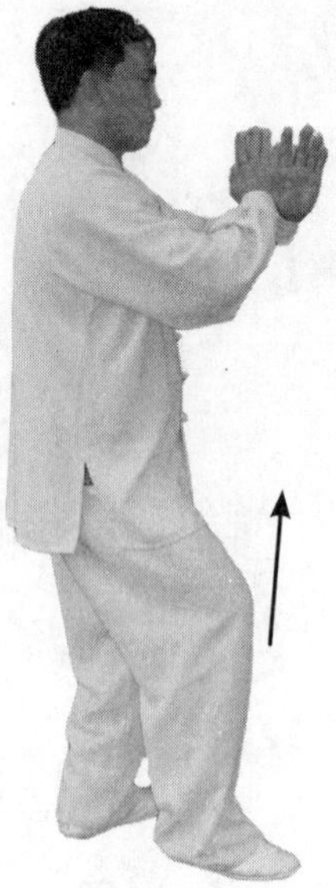
图2.275

71. 退步跨虎

（1）松左胯，抬右腿，大腿抬平，脚踝放松（图2.276）。

（2）身体下沉，右脚向右后方退一大步，前脚掌着地，重心在左腿（图2.277）。

（3）腰微右转，右脚跟着地，重心移于右腿，两手左顺右逆前后拉开。左手高与肩平，掌心向外。右手拉至右膝上方，掌心斜向下。目视左手，气沉丹田（图2.278）。

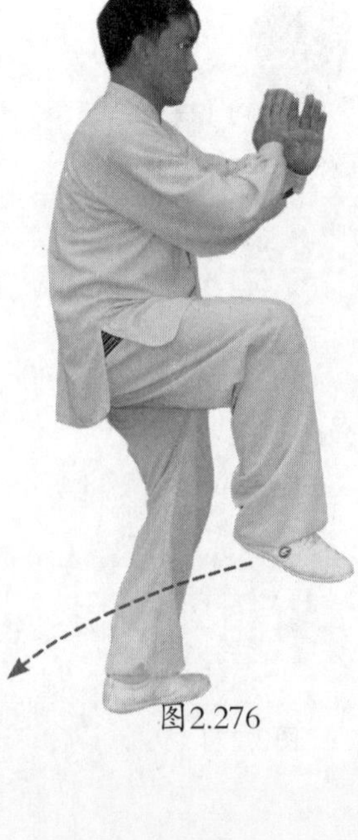
图2.276

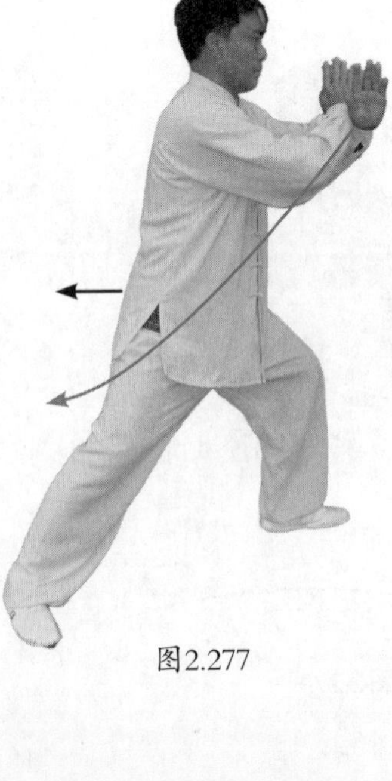
图2.277

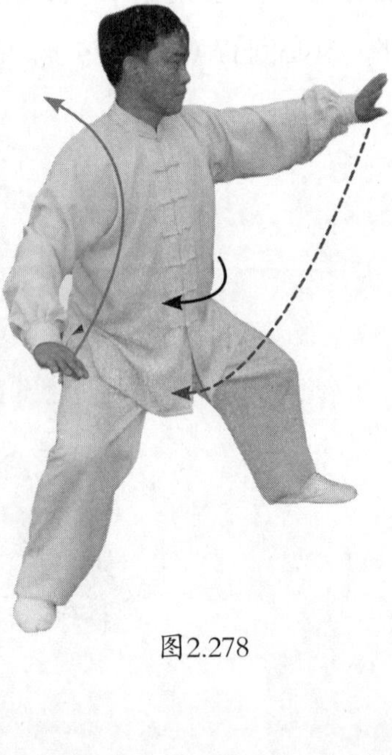
图2.278

72. 双摆莲

（1）腰微左转再右转90度，带动右手先向前、向上划弧，再向右后掤出，高与头平，掌心向外。左掌顺缠弧形下落于左小腹前，高与腰平，掌心向外（图2.279）。

（2）腰继续右转，重心移于左腿，以右脚跟为轴尖外摆。右手向右向下划弧，再顺缠向上置于右膝上方，高与胸平，掌心向左，四指向前。同时，左掌向外向上向前划弧逆缠与右手交叉相合。左掌在上，掌心向右，四指向上，右跨放松，心气下降（图2.280）。

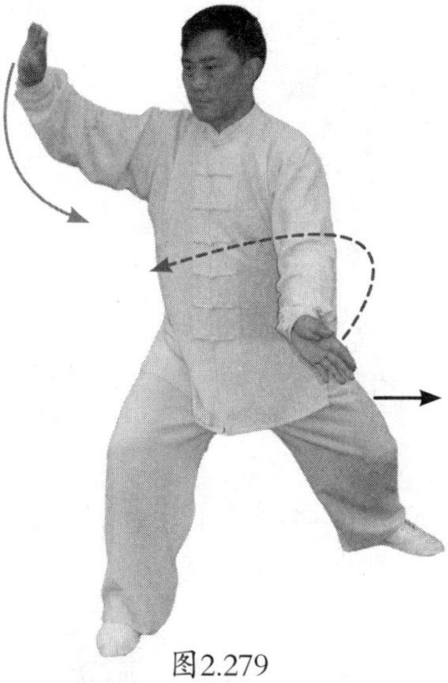

图2.279

图2.280

（3）走裆劲重心移于右腿。抬起左腿，大腿抬平，脚踝放松。以右脚前脚掌为轴，身体右转，左脚向左前方开一大步，脚跟着地。双掌右上左下拉开，右手高与头平，掌心向外。左掌高与腰平，掌心斜向下（图2.281及附图）。

（4）左脚尖落地，身体右转，重心移于左腿，右脚尖抬起。左手顺缠向上与右手相合上掤于身体前方，高与肩平，两掌心向外，掌指向左，两掌距离与肩同宽，屈膝松胯下蹲（图2.282及附图）。

（5）走裆劲，重心移于右腿。抬起左腿，右脚蹬地左脚向右前跳步。

上动不停。左脚落地后，以脚掌为轴迅速向右转身180度，右脚随即向右后开一大步成左弓步。两手随转掤于身体前上方，掌心向外，高与鼻平。以上动作要连贯轻盈，一气呵成（图2.283）。

（6）身体右转，重心移于右腿。同时，两手走上弧线向右后掤至右上方，高与头平（图2.284）。

（7）松右胯重心下沉，身体左转90度重心移于左腿。两手随动左逆右顺先向下再向前划弧于左膝上方。动作不停，双手翻掌左顺右逆向上划弧领劲，当领

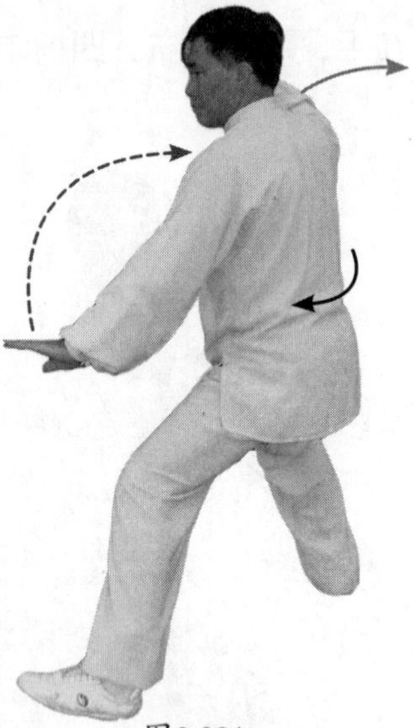

图2.281

图2.281附图

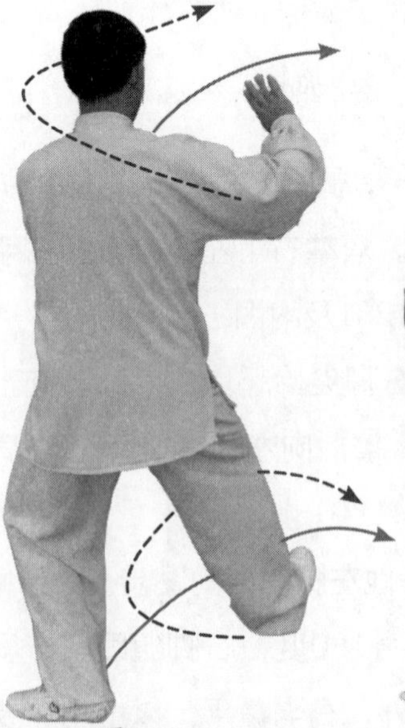

图2.282

图2.282附图

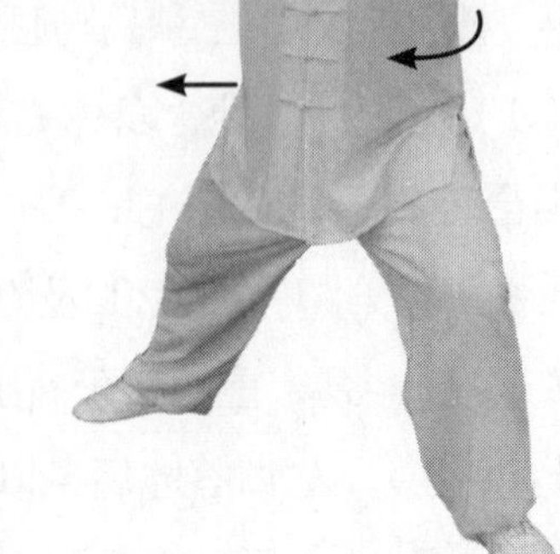

图2.283

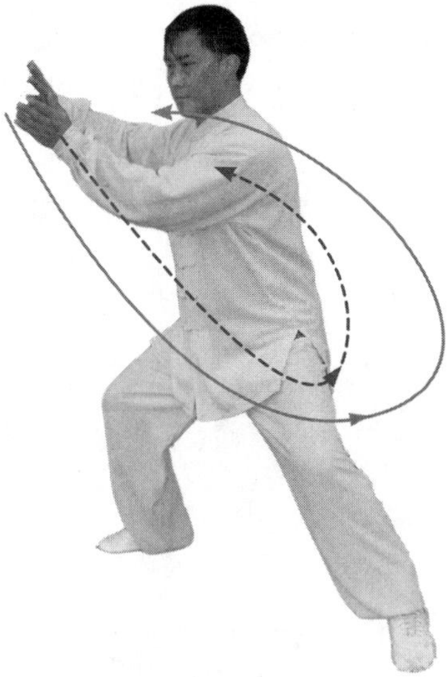

图2.284

图2.285

至头顶上方时呼气，身体下沉，开裆松胯，两大腿外缠，双掌同时落于胸前（图2.285）。

（8）身体右转，重心移于左腿，右脚尖贴地置于左脚心内侧，脚尖点地。同时，随身体右转双手向右后捋，高与鼻平，掌心向外（图2.286）。

（9）右脚前踢后摆，双掌先后击打右脚面（图2.287）。

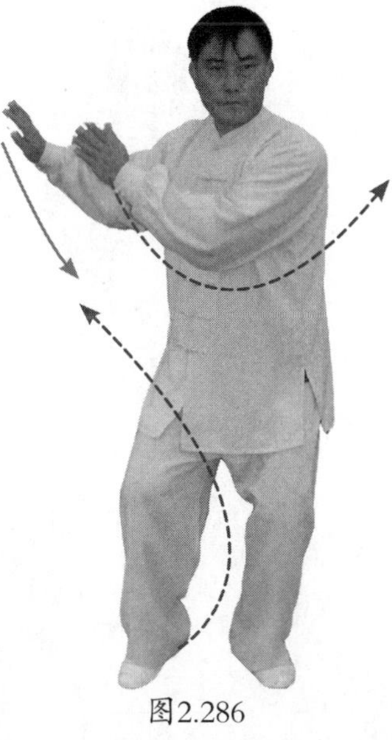

图2.286

图2.287

73. 当头炮

（1）上动不停，右脚向右后方开一大步成左弓步，同时两掌向前上方掤出，高与鼻平，双掌心向前，掌指向右（图2.288）。

（2）两掌变拳，松左胯重心下沉，身体右转，重心移于右腿。两拳随转体走下弧线经腹前收于右腰侧，拳心向下（图2.289）。

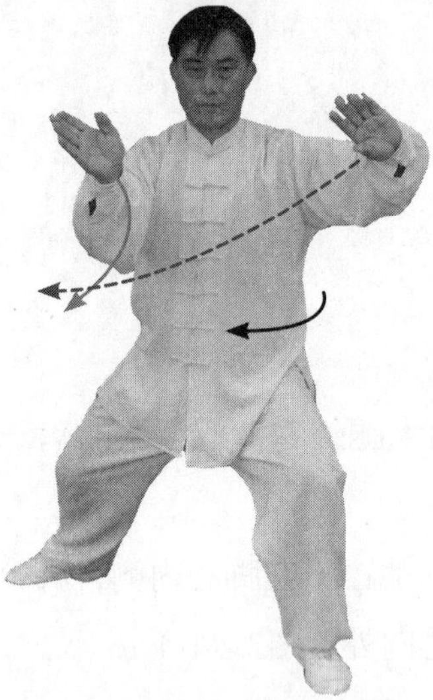

图2.288

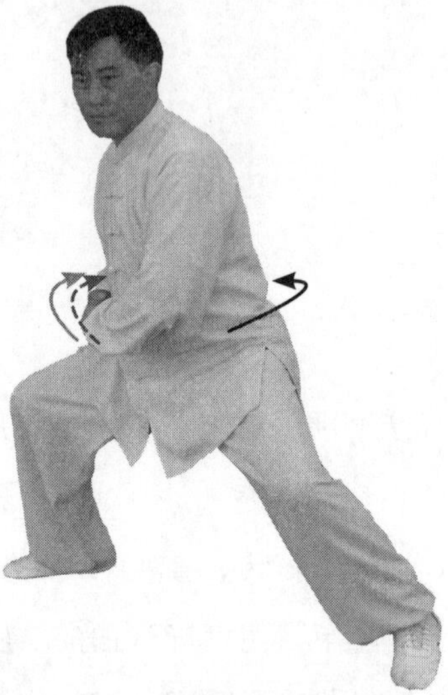

图2.289

图2.290

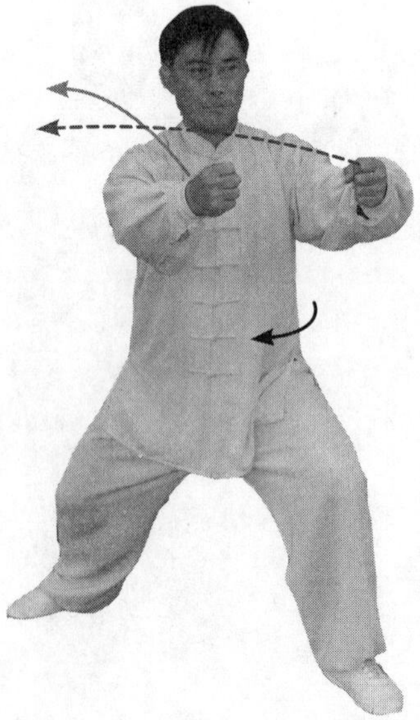

图2.291

（3）丹田劲左转，双拳逆缠翻转成拳心向上，两拳相对，置于右腰侧。松左胯，沉气坐裆蓄劲（图2.290）。

（4）右脚蹬地，腰猛左转，重心迅速移向左腿，腰劲带动肩、肘、手、拳向前弹抖发劲打出。拳心向内，距离同肩宽，高与胸平，左弓步，右胯放松，右腿外缠（图2.291）。

74. 金刚捣碓

（1）两拳变掌，掌心相对，掌指向前。身体右转90度，重心移于右腿。同时，右掌顺缠成掌心向外，两掌根领劲，随身体右转向右后掤，两掌心向外，掌指向左，高与额平，与左膝相照（图2.292）。

（2）以下同“3. 金刚捣碓（6）~（11）”（图2.293）。

图2.292

图2.293

75. 收势

（1）右拳变掌，两掌心向上。松胯沉劲，两掌左右分开，高与腰平，掌心向里（图2.294）。

（2）两手于左右两侧向上领劲，吸气。当两掌领至高与头平时，屈臂里合抱头。此时两掌高与额平，掌心向下，置于两肩上方（图2.295）。

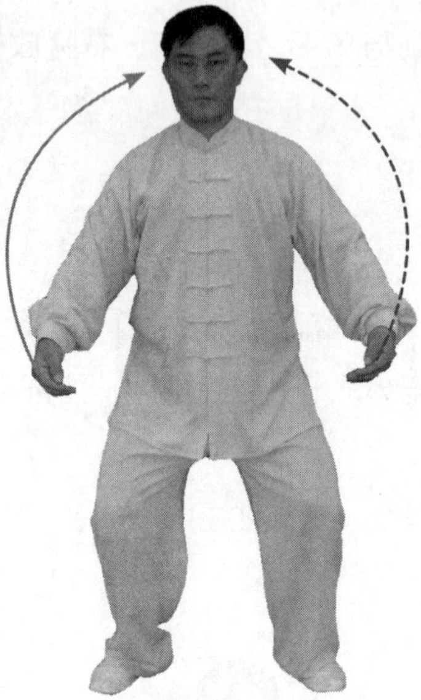
图2.294

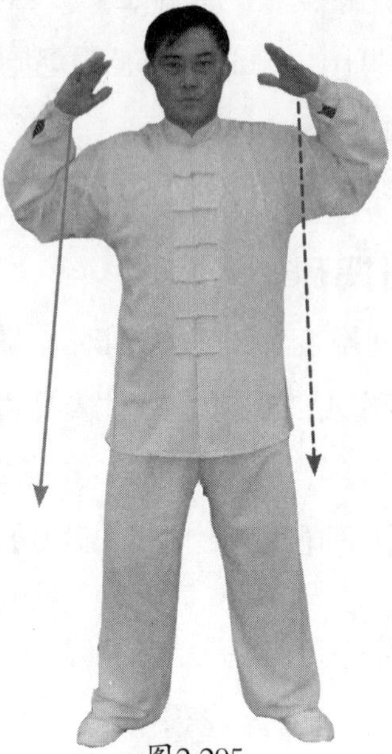
图2.295

（3）呼气，沉肩坠肘，松胯屈膝，重心下沉。两掌随重心下沉同时下按。继续沉气，身体屈膝下蹲，当两掌按至与两膝相平时，停止下蹲，两腕关节放松，两掌自然放于两膝外侧（图2.296）。

（4）双脚蹬地，身体直立，两臂自然放松，两掌放于两大腿外侧，虚灵顶劲，气沉丹田，心气放松（图2.297）。

（5）鼻吸口呼，调息收功，随呼气胯弯放松，两膝微屈，二目平视，意守丹田。吸气要深，呼气要慢。

（6）重心移于右腿，左脚与右脚并拢成立正姿势，自然呼吸，稍停（图2.298）。

图2.296

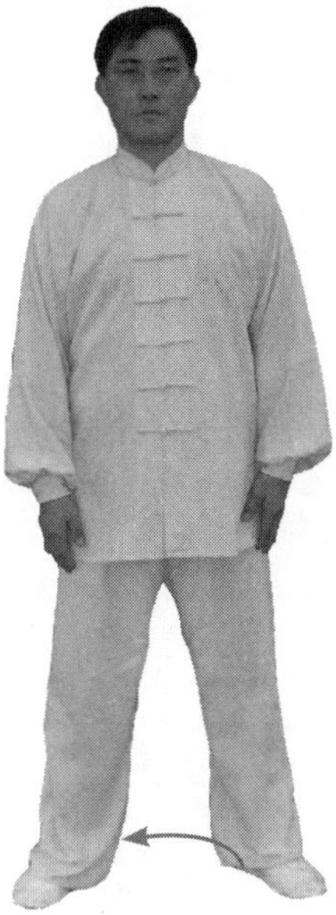

图2.297

图2.298

扫码即可观看相关视频

第三章

陈式太极拳竞技推手的训练方法

一、基本功训练

太极拳是一种拳，是拳就要有功夫。太极拳的独特之处就在于刚柔相济，柔中寓刚，外柔内刚。那种认为太极拳只讲柔软，不用劲的观点是不对的。实际上太极拳对劲的要求很严格。其所讲的掤捋挤按、采挒肘靠，实际上是八种劲。历史资料描述的所有太极高手无一不是功夫高手，无一不是缠丝劲的高手。前辈名家都有如抖大杆、盘沙缸、太极球、太极棍等专门练缠丝功的方法，而且这些方法被看作秘笈而鲜有传承。在文献记载中，就有深夜对村前大树发劲，声音传遍全村的描述，足见其爆发力及刚劲了得。

现今国家太极拳推手的比赛规定及推广，更加明确了太极推手功夫中对抗比赛的重要性。以前的“十年太极不出门”的教学方法已不利于现今的太极推手对抗比赛的普及。同时，太极推手对抗的运动化及观赏性要求也愈来愈高。这一切，都要求太极推手对抗的训练要有新的方法。通过新方法的训练，队员既要保持太极拳的风格，又要符合国家比赛规则要求，更要有体育对抗的观赏性、普及性。基于此，有刚太极武校走出了自己的训练道路。主要是在太极拳基本功法及技巧的训练中，借鉴现代体育训练中的体能及器械训练，以达到快速出人才的目的。一般情况下，选出的培养对象，两到三年就能获得名次甚至拿到更优异成绩冠军。多年的比赛实践证明，这种训练方法是行之有效的，是培养太极推手对抗赛冠军的捷径。

总结起来，有刚太极武校对于推手对抗的训练方法，关键在于对体能、耐力、爆发力、反应能力及太极拳推手技巧的重点训练，以使队员适应现代太极推手对抗赛的要求，进而达到大范围快速成才的目标。

1. 定式训练

（1）站桩

太极拳特色之一就是下盘稳固，而“推”本身就体现了腰裆劲及腿劲。故练习腿劲是基础的基础，又叫盘根，所以练习站桩是必不可少的基本功训练。站桩的要求前面已经介绍，此处不再赘述。

▲ 无极桩（图3.1、图3.2）

图3.1

图3.2

▲ 懒扎衣（图3.3），单鞭（图3.4）

图3.3

图3.4

站桩首先要循序渐进，其次是各部位及内外要求要正规。站桩姿势根据体能分高、中、低架。对于重点培养学员，一定要达到低架，且做到每日必练。

（2）缠丝劲训练

▲ 双手正面缠丝

①单鞭：松肩沉肘，两臂与两腿相合，重心在左，两大腿外缠，屈膝松胯下沉，意向左手中指端（图3.5）。

②右勾拳变掌，屈膝松胯下沉，身体左转，重心左移，右手随转体顺缠至身体左前方（图3.6）。

图3.5

图3.6

③松左胯下沉，腰微左转，右掌由顺变逆缠旋掌上掤至左肩前上方，掌心向外，左掌顺缠向下置于左膝上方，掌心向斜下方（图3.7）。

④上动不停，裆劲微下沉换劲，身体右转，重心移向右腿。右手随转体走上弧线右捋加掤至右肩上方，高与眉平。左手走下弧顺缠随转体至右膝内测（图3.8）。

图3.7

⑤ 松右胯下沉，左掌逆缠旋掌上挒至右肩前上方，掌心向斜下方，右掌顺缠向下至右膝上方，掌心向里（图3.9）。

图3.8

图3.9

⑥上动不停，身体左转，重心移向左腿。左手随转体走上弧线左挒至左肩上方，高与眉平。右手走下弧线顺缠随转体置于身体左前方（图3.10）。

⑦ 按②至⑥反复练习。

图3.10

▲ 双手侧面缠丝（右）

①立正站立（图3.11）。

②吸气松胯下沉，重心移向左腿，右脚向右后方45度退一步，先脚尖着地再脚跟着地。同时两手向左前上方掤出，高与肩平，掌心向前，掌指向斜上方。裆开圆，两大腿外掤（图3.12）。

图3.11

图3.12

③松胯微下沉，两手左顺右逆旋掌。身体右转，重心右移，两手随转体走上弧线向右后方掤至肩右上方，高与眉平，掌心向外，掌指向前。双掌后掤时，随转体缓慢吸气（图3.13）。

④松右胯，双手左逆右顺旋掌下沉，缓慢呼气（图3.14）。

⑤身体左转，重心左移，双手随转体左捋至身体左前方，双掌高与腰平，手与左膝相合，两掌距离一小臂宽，掌心向斜下方（图3.15）。

图3.13

⑥ 身体继续微左转，重心在左，双手上掤，高与左肩平，掌心向前，掌指向斜上方。裆开圆，两大腿外缠（图3.16）。

⑦ 按③至⑥反复练习。

图3.14

图3.15

图3.16

▲ 双手侧面缠丝（左）

① 立正站立（图3.17）。

② 吸气松胯下沉，重心移向右腿，左脚向左后方45度退一步，先脚尖着地再脚跟着地。同时，两手向右前上方掤出，高与肩平，掌心向前，掌指向斜上方。裆开圆，两大腿外掤（图3.18）。

③ 松胯微下沉，两手右顺左逆旋掌。身体左转，重心左移，两手随转体走上弧线向左后方掤至左肩上方，高与眉平，掌心向外，掌指向前。双掌后掤时，随转体缓慢吸气（图3.19）。

④ 松左胯，双手右逆左顺旋掌下沉，缓慢呼气（图3.20）。

⑤ 身体右转，重心右移，双手随转体捋至身体右前方，双掌高与腰平，右手与右膝相合，两掌距离一小臂宽，掌心向斜下方（图3.21）。

⑥ 身体继续微右转，重心在右，双手上掤，高与右肩平，掌心向前，右掌指指向斜上方。裆开圆，两大腿外掤（图3.22）。

⑦ 按③至⑥反复练习。

图3.17

图3.18

图3.19

图3.20

图3.21

图3.22

▲ 单手正面缠丝（右）

①懒扎衣（右）。松肩、沉肘、开裆、蓄气、松胯（图3.23）。

② 右手顺缠下落，呼气。随即身体左转，重心左移。右手随转体走下弧合于身体中线，掌心向左，掌指向外（图3.24）。

图3.23

图3.24

③ 松左胯下沉，腰微左转，右手随即逆缠旋掌上掤至身体左前方，掌心向外，掌指向左，拇指在下，高与左肩平（图3.25）。

④ 身体右转，走裆劲，重心移至右腿。右手随转体走上弧开于身体右上方，右手高与右肩平，掌心向外。右手与右足相合，目视右手（图3.26）。

⑤ 按②至④动作反复练习。

图3.25

图3.26

▲ 单手正面缠丝（左）

① 懒扎衣（左）。懒扎衣左式与右式方向相反，但对身体各部位要求与右式相同（图3.27）。

② 左手顺缠下落，呼气。随即身体右转，重心右移。左手随转体走下弧合于身体中线，掌心向右，掌指向前（图3.28）。

图3.27

图3.28

③ 松右胯下沉，腰微右转，左手随即逆缠旋掌上掤至身体右前方，掌心向外，掌指向左，拇指在下，高与右肩平（图3.29）。

④ 身体左转，走裆劲，重心移至左腿。左手随转体走上弧开于身体左上方，高

图3.29

图3.30

与左肩平，掌心向外。左手与左足相合，目视左手（图3.30）。

⑤ 按②至④动作反复练习。

以上定式练习，一年以下学员每天要求综合练习时间为30分钟至1小时。一年以上学员每天要求综合练习时间为1小时至1.5小时。

2. 盘架子

每个学员每天盘老架一路，由教练集体教学。在训练中要及时对不符合要求的学生个别指导，使其拳路规范，功夫纯真。此阶段，要求所有学员将腿劲、腰裆劲、丹田气练出来。套路姿势根据体能分高、中、低架。对于重点培养学员，一定要达到低架。盘架子练习，一年以下学员每天要求练习不低于10遍、一年以上学员每天要求练习不低于15遍。

3. 臂、腿功训练

当今太极推抗赛的规则及要求，决定了队员必须年轻化，且在最短的时间内成才。所以，在训练中要增加体能及爆发力的辅助训练，特别是臂、腿功的训练，以适应比赛需要。

（1）俯卧撑

①队员立正姿势站立。然后上左步，屈膝下蹲，两手按地，伸直，撑起上半身。左腿向后伸展，与右脚靠拢，两腿并齐。不得凸臀和凹臀，使头、颈、肩、臀与脚跟呈一条线（图3.31）。

②两臂弯曲，上体下降。此时仍然不得凸臀和凹臀，使头、颈、肩、臀与脚跟呈一条线，两臂与背形成平面。除脚尖和双掌支撑外，全身其他部位不得着地（图3.32）。

图3.31

③两臂发力伸直，撑起上半身，如图3.31。

④如此重复② ③两个动作反复练习。

每个队员在每天训练结束时，要加做150～200个俯卧撑。

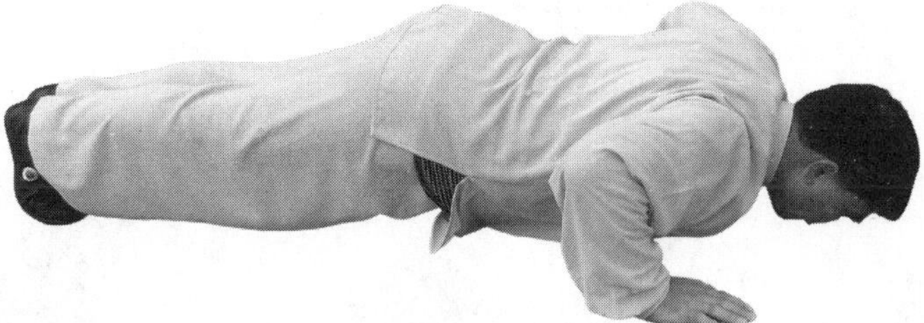

图3.32

（2）推杠铃

▲平推

①两腿开立，略宽于肩。下蹲，掌心向里抓握杠铃。身体保持中正，不可向后翘臀。抬头，二目平视，气沉丹田（图3.33）。

图3.33

②丹田聚气，两腿加速发力，两臂上提旋腕将杠铃提起平托于肩前，两腿微屈蓄劲（图3.34、图3.35）。

③意念引领，全身协调，双臂突然发劲，将杠铃向前水平推出。推出的距离根据体力和

图3.34

臂力的承受能力而逐步加大，直至双臂推直（图3.36）。

④上动不停，双臂将杠铃拉回至胸前，两手心向下抓握杠铃（图3.37）。

⑤上动不停，重复③ ④动作。

训练时间一年以上队员平推50次，训练时间两年以上队员平推100至150次及以上，先是快推，再弹抖发力以练习爆发力。

图3.35

图3.36

图3.37

▲ 上举

①同平推动作①（图3.38）。

②同平推动作②（图3.39）。

③全身协调，双腿双臂内劲突然爆发，将杠铃向上推出。推出的距离根据体力和臂力的承受能力而逐步加大，直至双臂上举伸直（图3.40）。

④上动不停，双臂将杠铃落回至胸前，两手心向上抓握杠铃（图3.41）。

⑤上动不停，重复③ ④动作。

训练时间一年以上队员上举50次，训练时间两年以上队员上举100次以上，先是快推，再弹抖发力以练习爆发力。

图3.38

图3.39

图3.40

图3.41

▲ 背杠铃

①同平推动作①（图3.42）。

②同平推动作②（图3.43）。

③将杠铃向上推经头顶向后背于后肩（图3.44）。

④接上式下蹲（图3.45）。

⑤接上式起立（图3.46）。

⑥按④⑤动作反复练习。

训练时间一年以上队员背杠铃蹲、起50次，训练时间两年以上队员背杠铃蹲、起100次以上。

图3.42

图3.43

图3.44

图3.45

图3.46

二、素质训练

1. 体能素质

体能是运动员应具备的最基本条件，体能的好坏，直接关系到运动员的技术发挥和比赛成绩。所以，推手比赛不仅是技术的比赛也是体能的比赛。当运动员碰到技术相当的对手和无级别比赛碰到大级别对手时，体能往往在比赛的关键时刻起到决定性作用。对于技术相当的对手常常是在比赛的最后30秒，因体能的原因影响发挥而决定胜负，有的甚至是最后一分之差决定胜负。所以，体能训练一直是温县有刚太极武校十分重视并常年坚持的必修课。体能训练主要是长跑：每天早上长跑5～10千米。每天训练之前热身跑5～10分钟。

2. 心理素质

队员技术技能固然重要，但心理素质往往也起到决定性作用。比如，临场经验不足的队员遇到强劲的对手，比赛结束前的几个回合，都是对队员心理素质的极大考验。如果队员心理素质好，可以应变自如，超常发挥，控制比赛节奏，取得意想不到的好成绩。如果队员心理素质不好，即使平时得心应手的技法，也会因为心慌意乱而丧失战机，无从发挥。因此，细致缜密的心理素质训练，是保证在瞬息万变的赛场取胜的重要环节。温县有刚太极武校历来注重心理素质训练，所以，即使在无级别比赛中，小级别队员面对超常体重的对手，也毫无惧色，成绩斐然。心理素质训练，一般采取如下几种方法：

①每周1小时心理素质训练课。

②模拟比赛训练：在训练场地自设赛场，一切按赛场比赛规则设置。自定裁判，组织学员及亲友临场观看。

③通过模拟比赛，观察队员特别是重点队员在赛程中的心理变化、临场技术发挥的程度、技术优势及缺陷。

④点评。校长、教练及其他队员一起对每个模拟比赛队员点评，指出问题，并加以总结。

⑤针对队员模拟比赛中的缺陷，重点训练一周。之后，重新组织亲友团观看模拟比赛，直至队员在心理上完全适应赛场气氛为止。

由于注重心理素质训练，多年来，温县有刚太极武校队员形成了一上赛场就精神抖擞的习惯。不管比赛成绩如何，一般不会因发挥不好而失分。

三、竞技技术教学与训练方法

1. 集体授课

①按入学时间及学习阶段分成班次，按班集体授课。集体授课时，教练及陪练将所学招式逐个讲解示范。

②队员每两人一组，反复练习所学动作，直至队员能熟练掌握。

2. 单个动作训练

队员每10～15人一组。以一个队员为主队员，只用一个动作，其余队员轮番与主队员对决，一直到该动作练到搭手即成的程度。一般一个动作每轮在100次左右。在一个动作纯熟后，更换另一个动作。

3. 实战综合训练

队员每10～15人一组。以一个队员为主队员，其余队员逐个轮番与主队员散手实战对决，一直到主队员体力发挥至极限，再更换主队员。

4. 测试与评分

在以上训练基础上，将程度相近的队员分为两人一组，按竞赛规程实战，其余队员观看。最后，经校长、教练及队员评分以取得阶段的成绩。在通过阶段评分合格后，才取得正式参赛队员资格。

第四章

陈式太极拳竞技推手（散手）的主要招法

一、捋加采

（1）甲（左）、乙（右 ）相对站立（图4.1）。

（2）乙上右步，以右拳向甲面前冲出。甲左脚向左前方上一步，身体左闪，同时出右掌，以腕部格挡乙之来拳的腕部，腰微右转，以化解对方来力（图4.2）。

（3）甲重心右移，左脚向乙右脚旁垫步，同时，左手掌根搭于乙右肘上方（图4.3）。

（4）甲右脚向右后方退一大步，身体下沉，双掌下捋乙右臂（图4.4）。

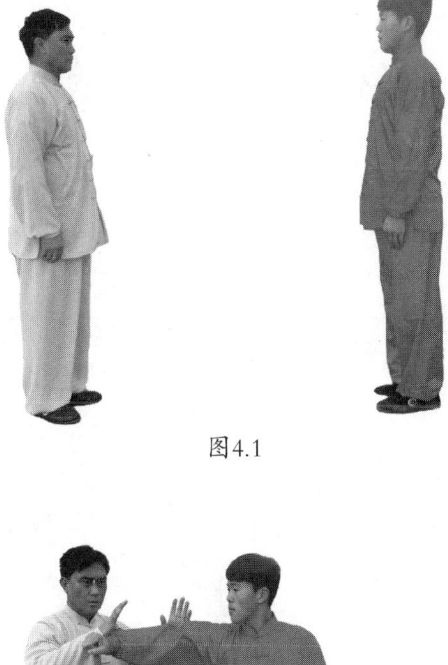
图4.1

图4.2

图4.3

图4.4

（5）乙乘甲后退之势以前臂向甲发挤劲。

（6）甲身体继续下沉，重心移于右腿，右手采抓乙右腕并里旋，同时顺对方挤劲，速向右旋腰转体，左手按压乙右大臂，借力将乙向甲右前方摔出（图4.5）。

图4.5

二、迎门靠

（1）甲（右）、乙（左）相对站立（图4.6）。

（2）乙上右步，以双掌向甲胸前推出（图4.7）。

（3）甲双臂由下向上经乙双前臂里侧上掤外缠（上掤时双掌心向外），化解对方来力。同时，右脚以脚跟着地踩向乙裆部，重心在左腿。沉肩坠肘蓄劲，两臂继续外掤，分开乙的两臂（图4.8）。

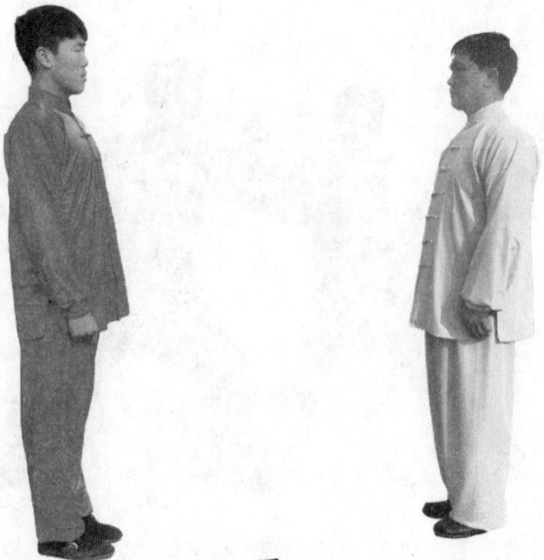

图4.6

图4.7

（4）甲吸气、松胯、下蹲，身体微右转露出右胸（图4.9）。

（5）接上式，甲以左脚蹬地瞬间爆发全身整劲，以右胸猛靠击乙胸部，使乙跌出（图4.10、图4.11）。

图4.8

图4.9

图4.10

图4.11

三、大背

（1）甲（左）、乙（右）相对站立（图4.12）。

（2）乙上右步，以右拳向甲面前冲出（图4.13）。甲右脚向右前方上一步，身体右闪，同时出左掌，以腕部格挡乙之来拳的腕部，腰微左转，重心右移以化解对方来力（图4.14）。

（3）甲重心左移，右脚向乙右脚旁垫步，同时，右手从下向上拿握乙右大臂（图4.15）。

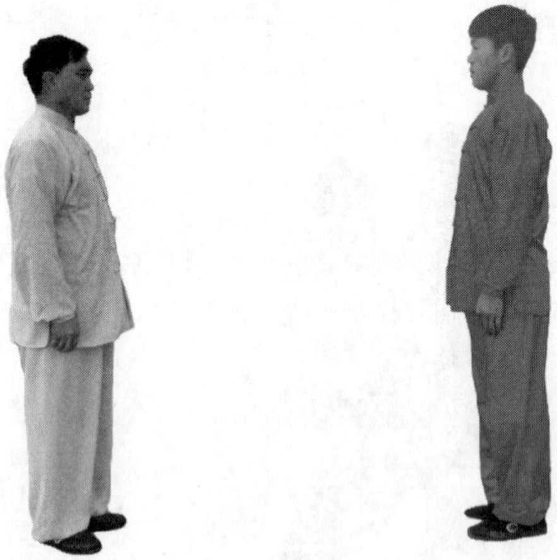

图4.12

图4.13

图4.14

图4.15

（4）甲身体迅速左转，退左步，双手向前拉紧乙的右臂，使乙上体紧贴甲的后背。

（5）甲身体下沉，臀部上翘，挑起乙之小腹。此时要两腿外掤与两手拉力相合（图4.16）。

（6）甲上体下沉，双手下拉，背部发力，将乙背起腾空向前摔出（图4.17）。

图4.16

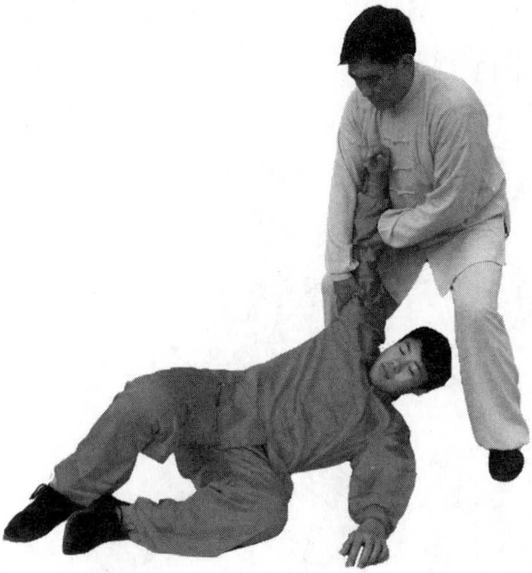

图4.17

四、胯背

（1）甲（左）、乙（右）相对站立（图4.18）

（2）乙上右步，以右拳向甲面前冲出（图4.19）。

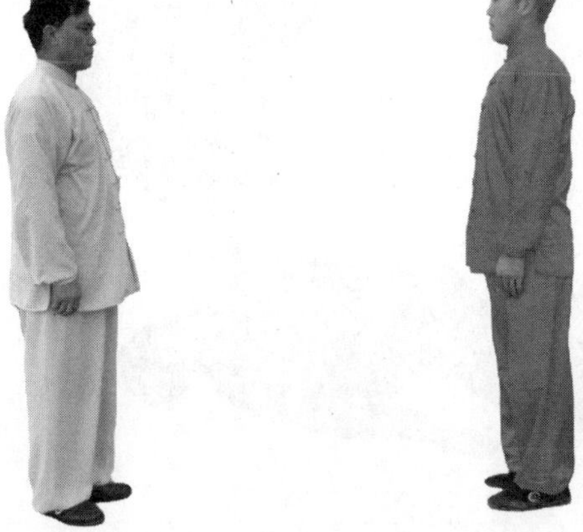

图4.18

图4.19

（3）甲右脚向右前方上一步，身体右闪，同时出左掌，以腕部格挡乙之来拳的腕部，腰微左转，重心右移以化解对方来力（图4.20）。

（4）甲重心左移，右脚速向乙裆部上步。同时右臂插向乙左腋下（图4.21）。

（5）甲迅速左转身，退左步，屈膝、松胯、下沉，以右胯顶住乙小腹丹田以下部位（图4.22）。

（6）甲两腿蹬地，右胯上挑，左臂发力，腰猛左旋，四力合一，将乙腾空向前摔出（图4.23）。

图4.20

图4.21

图4.22

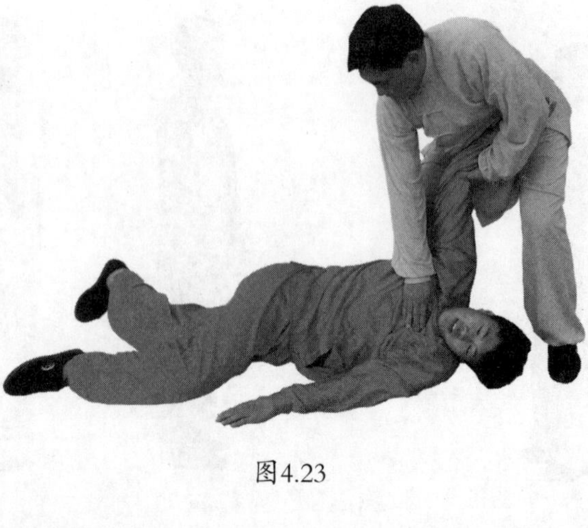

图4.23

五、挑闪

（1）甲（左）、乙（右 ）相对站立（图4.24）。

（2）乙上右步，以右拳向甲面前冲出（图4.25）。

（3）甲右脚向右前方上一步，身体右闪，同时出左掌，以腕部格挡乙之来拳的腕部，腰微左转，重心右移以化解对方来力（图4.26）。

（4）甲左脚上步到乙右脚内侧（图4.27）。

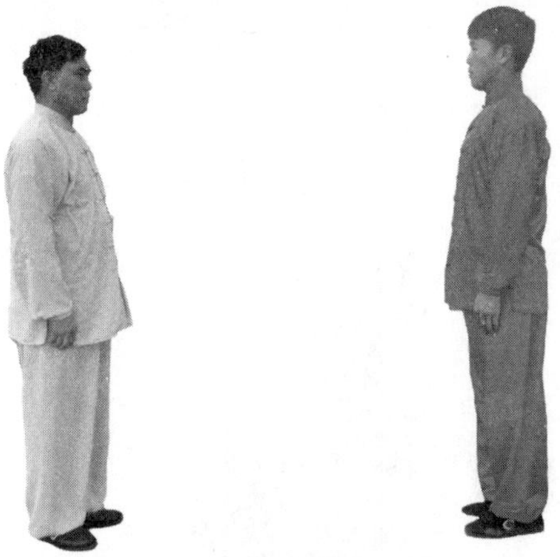

图4.24

图4.25

图4.26

图4.27

（5）接上式，甲右前臂从下向上插入乙右腋下，控制住乙右臂根部（图4.28）。

（6）接上式，甲出右脚探乙左脚踝部，此时甲左手应抓握乙方右腕，不使乙右臂弯曲（图4.29）。

（7）甲右臂上挑，使乙身体重心上浮。同时甲右臂发力，上体右旋，右脚前探，用全身整体旋转缠绕合劲瞬间将乙摔出（图4.30）。

图4.28

图4.29

图4.30

六、过腿摔

（1）甲（右）、乙（左）相对站立（图4.31）。

（2）乙上右步，以右拳向甲面前冲出，甲左脚向左前方上一步，身体左闪，同时出右掌，以腕部格挡乙之来拳的腕部，腰微右转，以化解对方来力（图4.32）。

（3）甲上右脚迈过乙右腿踩于乙后裆部，右手经乙右腋下上穿附于乙左肩下方，右臂贴于乙胸部（图4.33）。

（4）甲身体迅速左转，同时右腿后扫乙右腿弯，右臂向前下方逆缠里合发力，将乙摔倒（图4.34）。

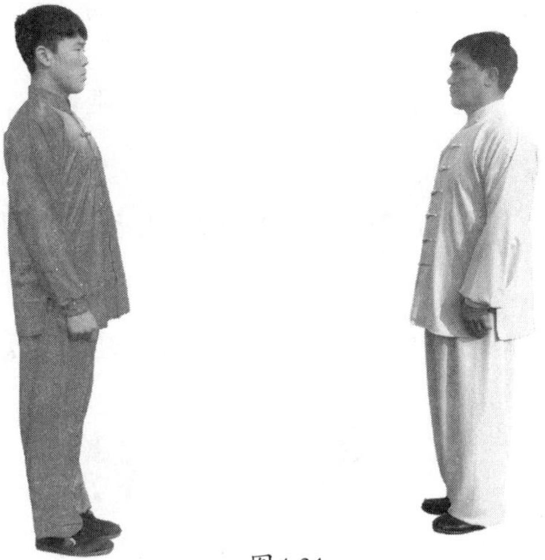

图4.31

图4.32

图4.33

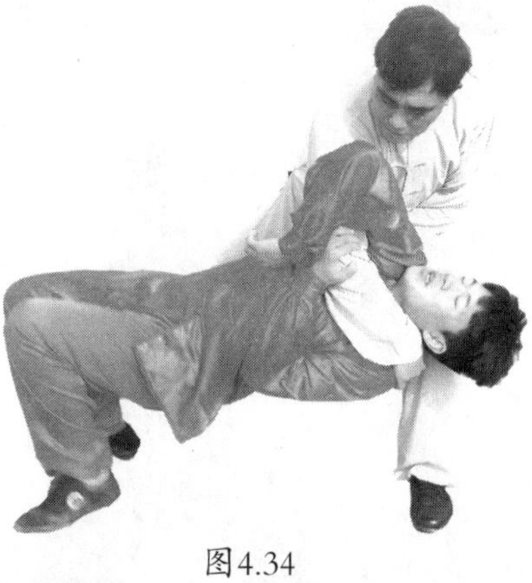

图4.34

七、走化（一）

（1）甲（左）、乙（右）相对站立（图4.35）。

（2）乙上右步抓握甲右手（图4.36）。

（3）乙右手逆缠反关节控制甲右手。甲屈膝松胯、松肩沉肘，顺乙旋转力，身体微右转，右臂里收，化去乙方来力（图4.37）。

（4）接上式，甲右手反抓乙手掌走下弧顺缠里合，使乙变为被动势（图4.38）。

（5）甲以腰脊螺旋劲带动身体左转，重心右移，右手继续顺缠里合反拿乙右

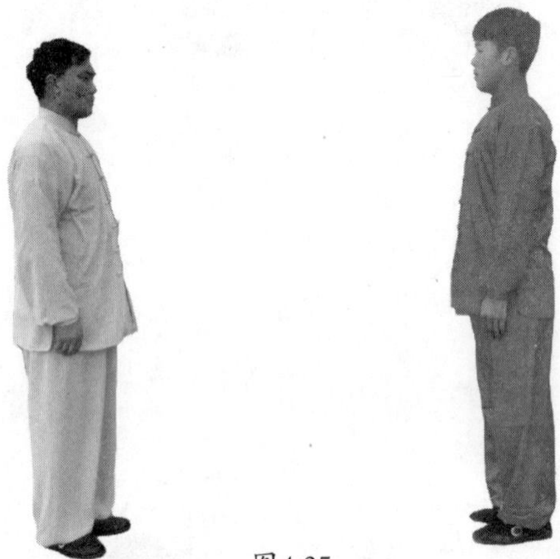

图4.35

图4.36

图4.37

图4.38

手（图4.39）。

（6）上式不停，甲右臂发力向上使乙反臂被擒（图4.40）。

甲向上发力时一定要“听劲”“跟劲”，使乙腕关节始终处于被动之势不得解脱。同时，甲之右手拇指和四指要拿死乙右手虎口，使乙右掌与其右臂成90度角而失去化解能力（图4.41）。

图4.39

图4.40

图4.41

八、走化（二）

（1）甲（右）、乙（左 ）相对站立（图4.42）。

（2）乙上左步，两手合力拿住甲右前臂（左手控制甲右肘，右手拿住腕关节）（图4.43）。

（3）甲松肩沉肘，丹田内转，身体右旋，重心左移，以螺旋

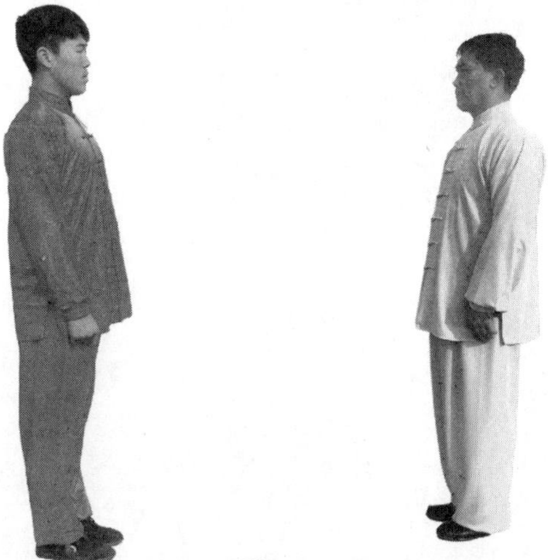

图4.42

缠丝劲引右臂逆缠下沉，引化乙的拿劲（图4.44）。

（4）甲以左掌按压乙右掌，身体先微右转再左转，以身领起右手由逆缠变顺缠上举，使右前臂扣住乙左上臂（图4.45）。

（5）甲身体左转里合，右臂迅速里旋向下采压乙左臂，使乙倒地（图4.46）。

图4.43

图4.44

图4.45

图4.46

九、挒劲

（1）甲（左）、乙（右）相对站立（图4.47）。

（2）乙上右步出左拳向甲打来（图4.48）。

（3）甲以螺旋劲使身体先微左转再右转，带动左手先以左掌外侧格挡乙来拳腕部再迅速顺缠抓、拉、拧乙手腕。同时上左脚踩于乙右脚外侧，左膝紧贴乙右膝，使乙变为被动势（图4.49）。

（4）上动不停，甲左手外引、左膝里扣，同时以右手猛击乙左肩部（图4.50）。

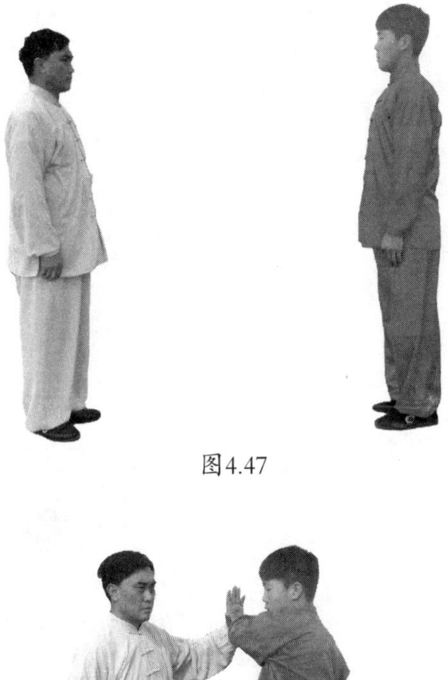

图4.47

图4.48

图4.49

图4.50

（5）上式甲左手外引、左膝里扣与右手猛击要瞬间同时进行，以形成合力，发劲冷脆，使乙向甲左前方跌出（图4.51）。

图4.51

十、拿腕

（1）甲（右）、乙（左）相对站立（图4.52）。

（2）乙上左步出右拳向甲打来（图4.53）。

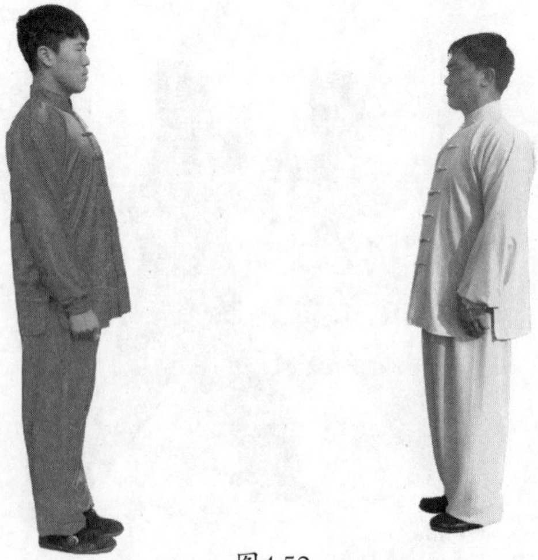

图4.52

图4.53

（3）甲左脚向左前方上一大步，身体左闪，同时出右掌，以腕部格挡乙之来拳的腕部，腰微右转，以化解对方来力（图4.54）。

（4）甲以右手抓拿乙右手腕关节，身体左转，以身领手使右手顺缠向乙右臂内侧划弧，将乙右手关节拿死。甲抬起右腿置于乙裆部，同时左手拿住乙肘关节（图4.55）。

（5）上式不停，甲右脚以脚跟先落地踩向乙裆部，同时，身体左转下沉，右手顺缠下压，左手拿住乙右肘里合，以捌劲将乙右臂控制不使其解脱（图4.56）。

（6）甲左脚蹬地，整身向乙发力，使其跌出（图4.57）。

图4.54

图4.55

图4.56

图4.57

十一、合步压腕

（1）甲（右）、乙（左 ）相对站立（图4.58）。

（2）乙上左步，双手拿控甲双臂（图4.59）。

（3）甲松肩沉肘，裆劲下塌，两臂后开，化解对方来力。

（4）甲以缠丝劲使身体微左旋，同时，左臂放松下沉，右臂折臂压住乙左手腕部（图4.60）。

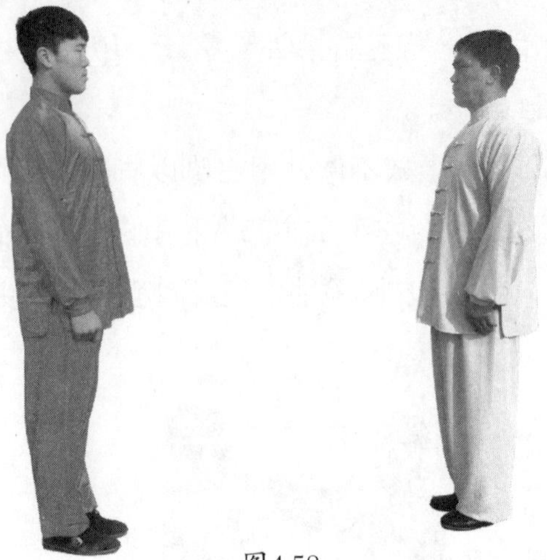

图4.58

图4.59

图4.60

（5）甲以缠丝劲使身体右旋，右臂里合下压，同时左手控制乙右肘上掤（图4.61），全身瞬间发挒劲使乙跪地（图4.62）。

图4.61

图4.62

附录：陈式太极拳传承表

陈王廷—陈汝信—陈大鹏—陈善志—陈秉旺—陈长兴—陈耕云—陈延年—陈登科—陈照丕—陈庆州—陈有刚—陈自立（侄儿）陈双力（侄儿）陈耀东（侄儿）陈耀峰（侄儿）陈小芹（女儿）陈耀坤（儿子）陈贝贝（侄女）陈超（侄儿）陈珍（侄女）郜乾坤（干儿）任念奇（弟子）张春亮（弟子）吴高印（弟子）牛勇平（学生）张小伟（弟子）范选民（弟子）张跃武（弟子）郭明启（学生）杨宝忠（学生）吴景彬（弟子）郭阳阳（弟子）张祎祎（学生）张明凡（弟子）张艺超（弟子）牛梦林（弟子）申超超（弟子）王国有（弟子）职宁（弟子）许佳俊（弟子）刘玉华（弟子）王俊峰（弟子）王志远（弟子）杨雪梅（弟子）王超飞（弟子）张梦杰（弟子）吴高科（弟子）王鹏飞（弟子）李洋洋（弟子）郑智予（弟子）王瑞（弟子）职煜伦（弟子）王嘉伟（弟子）侯佳林（弟子）张华帅（弟子）侯哲（弟子）刘一玮（弟子）谷超群（弟子）宋德江（弟子）李扬帆（弟子）朱道田（弟子）王文鹏（弟子）李治（弟子）陈真（弟子）崔曙光（弟子）黄天天（弟子）张耀文（弟子）张恒鑫（弟子）崔少杰（弟子）张茂森（弟子）王振龙（弟子）赵子涛（弟子）殷金龙（弟子）韩志宝（弟子）职铭岩（弟子）杨恩华（弟子）党甄坤（弟子）程昱嘉（弟子）杨琚琳（弟子）吴建新（弟子）闫帅（弟子）张清荷（弟子）王伊祥（弟子）陈春杰（弟子）张路华（弟子）张一帆（弟子）单东润（弟子）王宁（弟子）李向前（弟子）白雪岩（弟子）陈耿林（弟子）杨润超（弟子）靳以哲（弟子）

后 记

竞技性太极推手无论是作为一项竞赛项目，还是对太极文化的弘扬，都在中华武术中占有重要位置。随着陈式太极拳的普及，太极推手逐步引起广大中、青年的广泛爱好，具有巨大的发展潜力。

多年来，温县有刚太极武校在国际、国内，以及区域对抗性竞技推手中取得优异成绩，在河南温县这个太极拳的故乡也占有举足轻重的地位，为竞技推手培养出众多人才。如陈有刚弟子郭阳阳（女）被广州市陈正雷太极拳馆聘为总教练、弟子张明凡任深圳市陈式太极拳辅导站主教练、弟子王俊峰于西安陈正雷太极拳馆任主教练、学生张祎祎（女）被北京市太极禅国际文化发展有限公司聘为总教练，还有张春亮、许佳俊等不少弟子在全国各地任教。这些年仅20多岁的年轻人，经过温县有刚太极武校两三年的培养，迅速成为普及太极拳的优秀人才。像杨宝忠、张亚飞、郭明强等蝉联多届冠军及无级别冠军的太极推手新秀，也都成名于温县有刚太极武校。

温县有刚太极武校在对抗性竞技推手中成绩不菲，自然有其自身的特长。据我30多年对陈有刚先生及温县有刚太极武校的了解，其最主要的特点就是注重“功夫”与“实战”。温县有刚太极武校在教学过程中，从理论到实践，从拳路、基本功到技术训练，都从实战出发，既不空谈也不摆花架子，真正把练拳、练功、推手融为一体，紧密结合。

由于陈有刚先生经过多名现代陈式太极拳大师像陈照奎、陈小旺、陈正雷、王西安、冯志强的面授机宜及其叔父陈庆州的悉心教诲，所以他的拳路及技法中的跌、打、摔、拿更具有综合性的特点，更接近“原汁原味”的世传陈式太极拳。如陈有刚先生演练的老架一路，每个动作都特别注重丹田内转与缠丝劲的练习，注重低架子，注重开裆开胯、中气下沉、裆走下弧这些关键的功夫性要求，套路中一丝不苟，力争挤净水分，所以他打出的老架一路显得格外沉实圆活，劲力充沛，发劲刚猛弹抖，令人生畏。同陈有刚先生练习推手，你会真正感到太极拳刚柔相济、绵中裹铁的威力，会真正感到拳路功夫在推手中的体现，会真正感到缠丝劲运用自如的奇妙。

温县有刚太极武校在对抗性竞技推手中之所以成绩不菲，除了陈有刚这位校长、名师的技术过硬外，更重要的是，温县有刚太极武校独创的“心理训练”方法。通过这种方法的训练，往往使队员在竞赛中越战越勇，决胜最后一局，即使碰到特别强大的对手也毫不怯战。

介绍太极推手技法的书很多，但是公开推手技法系统训练方法的书尚属首例。我们力求详尽说明各种经过实战验证的训练方法的细节及要点，以供爱好对抗性太极推手者参考，为不断普及对抗性太极推手做出一定贡献。

尽管温县有刚太极武校在对抗性太极推手中取得一定成绩，但是，不论在教学水平或技术训练方面还都存在很多不足，诚恳希望批评指教，也真诚欢迎推手爱好者到校交流共勉。

本书的出版，得到陈正雷、陈庆州等大师及原福泉总编、张富成、周春中先生的大力支持，在此深表感谢。

李拴成

2015年5月19日